CHEGAR AO TOPO É POSSÍVEL

Dados Internacionais de Catalogação na Publicação (CIP)
(Câmara Brasileira do Livro, SP, Brasil)

Reis, Márcio Barbosa dos
Chegar ao topo é possível / Márcio Barbosa dos Reis.
1. ed. -- São Paulo : PerSe, 2014.

ISBN 978-85-8196-835-3

1. Atitude - Mudança 2. Conduta de vida 3. Felicidade 4. Reflexões 5. Sucesso profissional - I. Título.

14-12995 CDD-181

Índices para catálogo sistemático:
1. Conduta de vida: Filosofia de vida 181

Dedico esta obra

A minha esposa Ana Paula, aos meus filhos: Bianca Reis, Márcio Filho e Beatriz Reis;

Aos amigos que torcem pelo meu sucesso.

Agradecimentos

A Deus pela inspiração.

Aos sobrinhos Cristiano, Luciano, Leandro, Washington, Taíse, Aline, Olívia, Letícia, Larissa, Lívia, Miryele, Rosyele, Júlia Márcia, Tércio, Eduarda, João Pedro, Bruna, Flávio, Marina, Kelly, Marcelo, Mateus, Ronan, Gabriel, Ana Carla, Jussara, Tamara, Amanda e Aline pelo estímulo.

Ao conselheiro José Marcio Agostini.

Ao casal Martha e Joel Djahjah pela presteza.

Ao Toninho Lacerda, Maria da Piedade e Jadir Vieira pela solidariedade.

SUMÁRIO

Introdução

Chegar ao topo de uma carreira, não poucas vezes, é confundido com alcançar fortuna financeira. O sucesso que uma pessoa obtém na vida depende diretamente do grau de satisfação e da realização com a atividade escolhida, bem como a excelente qualidade e eficácia dos resultados que ela apresenta. Albert Schweitzer disse o seguinte: *"O sucesso não é a chave para a felicidade. A felicidade é a chave para o sucesso"*. Por outro lado, ter sucesso não significa ausência de fracassos; pode-se, na verdade, usá-los como pedestal para galgar o sucesso.

Aquele que almeja chegar ao topo é fundamental que tenha um objetivo central. Além disto, é preciso, estar focado, ser criativo e perseverante, ter coragem, ter um desejo forte, ter entusiasmo e várias outras boas qualidades e bons sentimentos os quais o mantenha ligado no seu propósito. Ralph Waldo Emerson disse: *"Nada de grandioso alguma vez foi alcançado sem entusiasmo"*.

Com o objetivo bem definido, é muito valioso alimentar-se com tudo aquilo que tem que ser feito para alcançá-lo. O pensamento, a fala e a ação devem ser consoantes com este alvo. Alinhar-se para este núcleo, de forma que toda energia, tanto mental quanto a física e a espiritual estejam concorrendo para o mesmo resultado é uma estratégica importante de economia de esforços.

Faço aqui, uma exposição daquilo que é necessário para atingir o seu alvo, o que não é exaustivo e tão pouco desconhecido. Trata de uma lembrança e uma reflexão, sobre o que é importante fazer ou deixar de fazer, de modo que o seu foco seja mantido naquilo que realmente importa.

Pode-se dizer que a minha esperança é despertar sonhos e potencialidades daqueles que queiram desenvolver e maximizar suas habilidades. Não há impossibilidades para aquele que tem fé e disposição.

Não importa qual a opção que você faça na vida, em termos de atividade ou profissão, se você escolhe e a absorve em toda sua integralidade, tem convicção desta sua escolha e por ela você se apaixona, você terá um mundo de oportunidades que se abrirão diante de você. Saiba que não existe uma carreira mais nobre que outras; é você que tornará sua carreira nobre quando lhe dá o seu melhor. Eu te asseguro, que independente de você ser professor ou aluno, médico ou paciente, dona de casa ou empresária, empregado ou empregador, profissional liberal ou usuário de serviços, você terá um ótimo referencial nas próximas páginas, para o seu aperfeiçoamento.

Você foi dotado de todas as potencialidades capazes de torná-lo num verdadeiro sucesso.

Prepare-se para ser impactado com esta leitura e de pronto está convidado a melhorar a sua história.

Mantenha-se firme no seu bom propósito. Nunca pare de lutar e de buscar a excelência.

Por mais longe que imagine ter chegado, você pode ir além.

"Uma vida ociosa é uma morte antecipada."
Johann Goethe

1 Descobrir aonde você quer chegar

"Todos os caminhos estão errados quando você não sabe aonde quer chegar."
William Shakespeare

O compositor e cantor popular brasileiro, disse: *"deixa a vida me levar... vida leva eu"*. Existem muitas pessoas que tem o seu estilo de vida baseado neste verso da música. Você conhece e eu conheço pessoas que, para elas tanto faz "a água correr para baixo ou correr para cima", conforme expressão popular. Estão contentes com suas vidas. Elas não têm maiores objetivos. De uma forma ou de outra a vida segue em frente.

Pois bem, agora responda, você gostaria de alcançar voos mais altos em sua vida? Você gostaria de entregar à sociedade muito mais de seu potencial e em troca receber uma porção maior de benefícios dela?

Considero fundamental que você saiba para onde deseja ir. Obviamente em consequência disto você precisará saber como, e, o que é preciso fazer para se chegar lá. Para tanto, você precisará definir um objetivo central e claro. Quando se tem em mente o objeto a ser alcançado, ficará mais fácil traçar planos, voltados para o atingimento do objetivo. Ao contrário, não haverá um percurso seguro.

Quem não sabe para onde está indo, em qualquer lugar que chegar estará bem feito. Talvez tenha sido esta a razão para que o filósofo alemão Johann Goethe dissesse que: *"O mais importante da vida não é saberes onde estás, mas sim para onde vais"*.

Cada pessoa é dotada de seus ideais, propósitos, sonhos e habilidades especiais formando o seu capital pessoal. A constituição física, como por exemplo, altura, sexo, fisionomia e a constituição orgânica são particulares e algumas inalteradas. A habilidade intelectual também é individual. Estas características fazem parte da personalidade, que é soma dos pensamentos e atos do indivíduo, o caráter essencial de cada pessoa, com o qual ela poderá contar, para executar seus projetos.

Agora, pare para pensar, e em seguida responda: O que você deseja alcançar? O que você deseja é algo digno? Você está disposto a pagar o preço por aquilo que deseja? Uma visão, um sonho, como queira chamar, é tudo o que você precisa para iniciar a trilhar o caminho que o levará até a sua realização. É com esta visão que você irá executar, tanto na forma quanto no conteúdo, os procedimentos que irão levá-lo aonde você deseja.

O ponto de partida, do qual você dará "o ponta pé" inicial, para efetivar o que deseja, no íntimo do seu coração, deve ser: descobrir-se para descobrir o que quer na vida. Você deve fazer uma lista contendo os seus talentos - suas habilidades ou destrezas e suas fraquezas ou defeitos. Se julgar necessário, em paralelo, peça a alguém que escreva, com sinceridade, estas características acerca de você; esta pessoa deve ser sua íntima, de confiança, e, ser verdadeira, para a qual você dará total liberdade para se expressar.

De posse destas informações, você se verá como que através de um "raio x", e poderá validar tais informações, momento para fazer um autoexame crítico. Deste momento em diante, você estará frente a frente com a realidade na qual de fato você é. Não tente mascarar este seu diagnóstico. Veja aquilo que pode ser mudado, melhorado ou aceito. Valorize as suas qualidades e neutralize os seus defeitos. Aceite-se como você é, na sua integralidade, com os talentos e com os defeitos, sob seu controle. Ame-se com muita força, trate-se com o melhor, faça tudo o que puder e que seja lícito para ter uma vida abundante e de qualidade, você merece ser feliz. Com base nestas premissas você dará um passo importante para se tornar uma pessoa realizada e altamente produtiva. Você é um forte candidato a chegar ao topo de sua carreira! Há um ditado árabe muito adequado àquilo que estou dizendo: *"Quem quer fazer algo, encontra um meio. Quem não quer fazer nada, encontra uma desculpa"*.

Mostra-me uma pessoa realizada e eu lhe mostrarei uma pessoa determinada, que se autovaloriza, tem respeito próprio e uma ótima autoestima. Estas são qualidades que valem a pena serem imitadas.

Retornando à questão da definição de um objetivo central, lembre-se, não se pode ficar a todo tempo mudando de opinião, saltando de "galho em galho", em termos de objetivos. Esta atitude demonstra fragilidade e o empurrará despenhadeiro abaixo. Mudam-se as estratégias, mas os objetivos devem ser minimamente alterados, exceto em casos excepcionais. A visão é algo importante para nortear as ações diárias daquele que a possui. Sem visão, para todo lugar que você for não fará a menor diferença. Dada a importância da visão, reforço, você precisa defini-la com clareza e a maior riqueza de detalhes, tanto quanto possível.

Depois de definida a sua visão, o seu propósito, firme-se persistentemente, porque o persistente tem muitas chances de conseguir o que quer, seja qual for o tempo para realizar, ou o obstáculo que terá que enfrentar. Von Goethe afirmou: *"Quem é firme em seus propósitos molda o mundo a seu gosto"*.

Demóstenes era um jovem grego, pobre e gago. Ele nutria um grande desejo de ser orador. Talvez você não veja algo de extraordinário, mas havia uma grande limitação para ele a ser enfrentada. Ele então incluiu a visão e a persistência, e, mesmo diante das circunstâncias contrárias, conseguiu dominar a sua limitação e tornar-se um dos maiores oradores da humanidade.

Tenha claro para você que, independe de quem você é, do que esteja fazendo atualmente, ou daquilo que você pensa sobre si mesmo e o mundo, se houver necessidade de fazer alguma mudança, que ela comece em você; a partir de então, você será capaz de trabalhar outras alterações em sua volta, você pode efetivar os seus sonhos. Shakespeare disse: *"cada pessoa pensa em mudar a humanidade, mas ninguém pensa em mudar a si mesmo"*.

Os maiores empreendedores de todas as áreas tinham ou tem um objetivo central bastante claro, e muitas vezes com uma enorme riqueza de detalhes. Este objetivo precisa ser escolhido com bastante cuidado, com o máximo de conhecimento sobre o assunto e com a afinidade potencial que você possui. Através do objetivo central você poderá organizar e movimentar para um ponto definido todas as suas forças físicas, mentais e espirituais, evitando o desperdício de energia com ideias tolas e absurdas. Agindo assim, você cria uma unidade de propósito, primordial para o alcance dos resultados esperados.

Saiba o seguinte: O conhecimento aplicado para definição do objetivo não é estático e nem absoluto. Tenha sensores capazes de captar outras informações e aplique nelas um "choque de crítica". O choque de crítica consiste em fazer passar as informações e impressões pelos órgãos do sentido, sem preconceito, testando-as e validando-as mediante questionamentos e a prova da realidade.

A prova da realidade é o confronto livre de parcialidade entre o conhecimento e os fatos.

Encerrada a primeira fase sobre o objetivo central, na qual você o define como projeto de vida. Você deve anotá-lo nos principais lugares de acesso, para ser visualizado, e digerido pelo seu inconsciente, de forma que possa gerar energia e impactar as ações diárias em seu entorno. Este objetivo precisa fazer parte do seu estilo de vida. O Dr. Lair Ribeiro, no seu livro "Excelência Emocional", disse algo bastante interessante sobre aquilo que você pensa; ele chama de estados mentais, ele afirma que se você começar a pensar coisas alegres você se alegrará, se pensar em coisas tristes você ficará triste, veja: "*pensamento gera sentimento, que gera comportamento. Mas o contrário também é verdadeiro: comportamento gera sentimento, que gera pensamento. Se eu começar a dançar, por exemplo, começo a me sentir alegre e a pensar em coisas alegres*". Não diferentemente Napoleon Hill escreveu: *"À presença de qualquer ideia ou pensamento, nossa consciência tende a produzir um sentimento "associado" e a nos levar à ação correspondente".*

O ser humano é complexo por natureza; ele é dotado de mutabilidade muito grande em termos de desejos. A maioria das pessoas busca uma coisa hoje e amanhã busca outra coisa diversa. Tem pessoas que fazem planejamentos e mais planejamentos, e com o passar de poucos dias os alteram por completo, ou simplesmente os abandonam, voltando-se para outros projetos sem qualquer conexão. São movimentadas ao sabor dos noticiários do momento.

O conceito de realização pessoal e felicidade é particular, e, varia de pessoa para pessoa. Você precisa elaborar o seu próprio conceito. Aquilo que torna uma pessoa feliz pode tornar outra infeliz. Rubem Alves no livro "Educação dos Sentidos e mais..." disse o seguinte: *"Quando vejo os ipês floridos, sinto-me como Moisés diante da sarça ardente: ali está uma epifania do sagrado. Mas uma mulher que vivia perto da minha casa decretou a morte de um ipê que florescia à frente de sua casa, porque ele sujava o chão, dava muito trabalho para a sua vassoura. Seus olhos não viam a beleza. Só viam o lixo".* É bem verdade que a parte pior daquela beleza ficava para mulher. Mas, o que eu quero ressaltar, na prática, é que o estado de satisfação é de fato personalíssimo, pois está ligado a um conjunto de fatores individuais, como cultura, crença e preferências. É dependente da ótica de cada pessoa.

Pensar, desejar, sonhar e executar na mesma direção e sentido potencializam os resultados. A coerência destes gera uma sinergia canalizada em todas as dimensões da vida. Quando você está 100% alinhado no sentido do seu propósito, centraliza as forças para o alvo e propicia o êxito das metas. O pensamento, o desejo e o sonho estão no plano abstrato, mas são responsáveis pelo substrato individual, capazes de movimentar a execução do plano através das iniciativas e atividades estruturadas até a materialização do mesmo. Veja a consideração, acerca do valor, que Mahatma Gandhi dá para o desejo: *"Nas grandes batalhas da vida, o primeiro passo para a vitória é o desejo de vencer!"*

Após este alinhamento, para que você vença os desafios e alcance os resultados você precisará inserir a paixão, a paciência e a perseverança.

Paixão

A paixão por sua atividade acontece, se você de fato está fazendo o que almeja. Nick Vujicic, um palestrante e escritor renomado, que não tem pernas e nem braços, declarou que: *"quando você encontra seu verdadeiro propósito, a paixão vem junto, e passa a viver em nome disso".*

Quando você tem uma visão e se apaixona por ela, você muda o seu patamar de vida. Você passa a desejar ardentemente subir ao pódio. Você trabalha, respira, inspira e alimenta este sonho. Para John C. Maxwell, *"A paixão é o que estimula a vontade. A paixão transforma sua lista de obrigações em lista de desejos. O que realizamos na vida se baseia menos no que queremos e mais no quanto o desejamos".*

Paciência e a perseverança

A paciência é uma virtude importante para quem deseja vencer; se alguma coisa sai de maneira não programada e te irrita, não seja precipitado no julgamento e no proceder, você está diante de uma grande chance de fazer a diferença, reflita bastante, conte até 10, ou até 10 vezes 10, só assim estará em condições de permanecer mirando no seu objetivo central. O inventor do avião, Santos Dumont, deixou um segredo sobre a paciência, que mostra a razão do seu grande espírito criativo, dada a simplicidade que ele revela, veja: *"Há um ditado que ensina o gênio, é uma grande paciência; sem pretender ser gênio, teimei em ser um grande paciente. As invenções são, sobretudo, o resultado de um trabalho teimoso, em que não deve haver lugar para o esmorecimento".* A prática da paciência gera a perseverança. A perseverança por sua vez, conduz na manutenção do propósito e no cultivo da experiência, que culminará com os resultados extraordinários.

Traçando um plano

Spencer Johnson, escritor, famoso mundialmente, e autor da obra consagrada "Quem mexeu no meu queijo?', trata do comportamento que você deve adotar e nas escolhas que deve fazer, propondo que você imagine o futuro, criando-o a partir do "Presente", nome de outra obra sua , e continua: *"Em seguida faça um plano. Ele é a sua bússola. Permite-lhe ver para onde está indo, e o ajuda a concentrar-se no que precisa fazer no Presente para realizar o Futuro que você deseja".*

Tenha nítido o seu alvo, evite conflitos e dispêndios de energia com ações pulverizadas. Quando você assim age e tem este posicionamento, a sintonia, a concentração de energia, o estímulo e o objetivismo abastecem sua vida de forma a fortalecê-lo e, lhe dão suporte para encarar todas as situações que lhe sobrevierem com firmeza e determinação. Desta feita, haverá o concurso da emoção, da razão e da ação para o alvo a ser alcançado.

Não deixe de sonhar. Avalie os seus sonhos sob o ponto de vista da execução, nutra o desejo ardente de realização destes sonhos, ocupe a mente com estes pensamentos, que serão abastecidos de ideias e planos, e por fim, coloque suas ações voltadas para realização deles. Há um provérbio japonês que diz: *"Um plano sem ação é um devaneio; uma ação sem plano é um pesadelo"*. Os sonhos precisam ter boa arquitetura e, para realizá-los uma boa engenharia.

Tenha planos "B's" ou "C" e "D", que são comparados a rotas de fuga, para os casos em que uma missão, por exemplo, em tempos de guerra fracasse, e caso necessite, você venha utilizá-los. Esta estratégia, pode ser uma retirada de cena para reavaliação ou prosseguimento do objetivo através de outros meios.

Muitos autores chamam de visão o objetivo maior - o alvo a ser alcançado. As empresas elaboram a sua visão com base nos seus desejos futuristas; para alcançá-la elas traçam estratégias, criam metas e indicadores para avaliarem o andamento até a chegada à visão. Todo movimento traçado tem este foco. Todos da equipe precisam conhecer a visão e estarem alinhados com ela.

As metas devem sem desafiadoras de forma a gerar motivação para alcançá-las. Esta motivação gera certa tensão, sob a qual as pessoas atingem o ponto "E" de ebulição da criatividade. Porque é nos momentos de tensão, em que a necessidade é mais forte, a criatividade inata entra em ação.

Pensar algo hoje, amanhã mudar de ideia, voltar-se para um objetivo hoje e amanhã alterar este objetivo, não é uma sábia decisão. Não é possível um planejamento razoável nesta situação. É preciso clareza nos objetivos e desejos, e só então agir.

Se houver necessidade de revisão no plano ou alteração deste, as suas ações devem ser alteradas diante dos novos cenários e tendências, até então alheios para você. Entretanto, o sonho, o desejo e o objetivo permanecem. Podem ocorrer atrasos no seu êxito, devidos aos obstáculos imprevisíveis, mas não haverá perda de visão, daquilo que você pretende alcançar.

Pense nisto: a sua vida deve espelhar aquilo que você acredita. Assuma seu sonho e sua crença, alinhe-os e você será feliz. *"Quando você vive e trabalha com propósito e reage ao que é importante hoje, você se mostra mais capaz de liderar, administrar, apoiar, ser amigo e amar."* Assim define Dr. Spencer ao homem que tem visão.

....

"Quando você vive e trabalha com propósito e reage ao que é importante hoje, você se mostra mais capaz de liderar, administrar, apoiar, ser amigo e amar."

....

Seja crédulo, não incrédulo! Tenha bons relacionamentos. Compartilhe sua visão com pessoas que lhe sejam confiáveis, que venham a contribuir para sua realização. Pessoas que tenham maturidade para lhe aconselhar.

Atente que, na hora de elaborar um ou mais planos você precisa de conhecimento acerca do negócio que pretende desenvolver. Não dá para abrir uma sorveteria na Sibéria!

Investigue o máximo sobre o que pretende fazer, para que você tenha o máximo de conhecimento possível da área de sua atuação. Saiba, entretanto, que, mesmo com o máximo de conhecimento possível, você terá de conviver com acontecimentos inesperados, improváveis e inusitados. A tomada de decisão, nestes casos, na maioria das vezes não estará nos compêndios e, será a sua perspicácia e sua ousadia que determinarão a melhor medida a ser adotada. Nestas ocorrências o conhecimento deve ser ancorado na intuição e na coragem de assumir o risco.

O planejamento é um procedimento importante para você articular e desenvolver suas atividades. Ele está desenhado numa peça a qual já mencionei chamada plano.

O plano, por seu turno, não pode ser uma camisa de força, porém, não dá para viver de improvisação. Veja por exemplo as entregas de correspondências dos correios no Brasil, principalmente as da modalidade Sedex 10. Dá para imaginar, o planejamento e o rigoroso controle de qualidade, na execução dos processos para assegurar a excelência da prestação deste serviço?

O mesmo deve ocorrer com a sua atividade atual ou naquela que você pretende exercer, guardadas as devidas proporções, se quiser alcançar confiabilidade e o maior índice de excelência. Se você se comprometer com algo, saiba que tem que cumprir!

Estude e analise pessoas que trabalham com o que você pensa em fazer. Veja toda a parte técnica do seu projeto.

Você precisará trabalhar duro, fazer horas extras, se quiser destacar-se no meio da multidão. A questão do trabalho duro para os brasileiros é um problema a ser superado. Tem aqueles que dizem: *"não quero trabalho, quero emprego"*. Querem coisas boas e legítimas, mas não lutam para alcançá-las. Detendo-me a esta situação, pude notar que se trata de uma herança de nossos ascendentes esta aversão ao trabalho, pois o sinônimo de trabalho na época do Brasil colônia era escravidão, fato de total desrespeito ao ser humano, que nos deixou este legado. Aos poucos ele está sendo superado pelo conhecimento e boas práticas.

Quando você já estiver adiantado no seu projeto, tenha em mente que o seu plano não foi perfeito, deverá sofrer ajustes. Muitas das descobertas e progressos alcançados até hoje, se deveu a criatividade e ousadia do que a Ciência e a Técnica. Estas são suplementares para aqueles que têm fé e coragem.

Como você está na vida em termos de realizações?

Você precisa responder dentre outras perguntas, para você mesmo, uma que é muito importante para prosseguir lendo estas páginas. Você acha divertido o que você faz? Divertido no sentido amplo, ou seja, prazeroso, gostoso, alegre e realizador.

Se sua resposta é sim, vai muito bem. Para melhorar, caso queira, é só lançar metas para ampliar aquilo que você já faz e então o seu prazer, seu contentamento seguirá nesta mesma proporção.

Porém, se sua resposta for não, você faz parte de uma grande maioria. Esta é a hora de rever muita coisa e alguns conceitos, vou falar um pouco sobre isto a frente.

Aqueles que consideram que: está bom, mais ou menos, ou coisas do tipo, estão mais para responder que "não", de sorte que lhes convido a refletir como tendo respondido não para a pergunta.

Fazer algo que não nos é interessante é tão prejudicial quanto não fazer nada. É prejudicial à saúde, às pessoas envolvidas e à própria atividade. Não é sem causa que temos insatisfações, contendas em diversas áreas profissionais, ou melhor, em todas as áreas profissionais, porque vários destes estão no lugar errado. Encontre um bom profissional e eu te afirmo que ele está realizado com aquilo que faz.

Você pode estar no lugar errado ocasional ou permanentemente. Na primeira hipótese, devido a lei da sobrevivência você é obrigado a ser motorista, frentista ou dentista, por exemplo. Seu corpo está ali mais a mente não. Você desfruta do trabalho, mas se prepara para deixá-lo.

Quando a pessoa está no lugar errado de forma permanente, deixe-me confessar: "é osso" tratar com elas. Mas, permita me falar algo para você que está nesta situação: pense em permanente enquanto dure, e comece a trabalhar pela mudança, para que você tenha felicidade e contribua para que outros a tenham.

Responda agora, você deseja para si o que faz atualmente?

Boa pergunta! Entretanto, muitas são as respostas, ou melhor, justificativas. Porque respostas serão apenas duas: sim ou não.

Pense nisto: se você deseja o que faz, você faz mais e melhor, você domina "seu território", e, se você se dedicar, surpreenderá a você mesmo. Você verá que o que faz em 8 horas gastará 2 horas. Você estará otimizando o seu tempo, será mais produtivo e terá prazer em fazer o que faz.

Se você responder que não, independente da motivação - seja pela falta de oportunidade na época que julga mais apropriada ou qualquer outra explicação, por exemplo: a luta pela sobrevivência o jogou neste negócio e agora você tem que dar conta do recado. Neste ambiente, o que você faria em 2 horas você gastará 8 horas para fazer; um desperdício! Desperdício para você e para toda a comunidade. Você faz sem motivação, faz sem conhecer a causa e o efeito, faz robotizado, sem emoção, sem prazer. Você cria um problema a mais para sua saúde. Você está a um passo da infelicidade!

O que fazer neste caso, então?

As pessoas que se encontram nesta situação se dividem em três grupos, conforme decisão adotada. O primeiro grupo assume uma posição radical: abandonam tudo por outra coisa. São românticas e destemidas.

O segundo grupo são aquelas que levam a vida assim mesmo, este, se subdivide em dois grupos: primeiro, elas olham para o lado "bom" das coisas; como diz o ditado: *"se você não consegue ver o lado brilhante das coisas, aprenda a lustrá-las"*. Este grupo de pessoas se adapta e, continuam a vida tal como está, de maneira feliz, pois aprendem a gostar daquilo que fazem. O segundo grupo desta subdivisão são os inconformados, revoltados, "enfezados" ou aborrecidos, que fazem com que outros também o fiquem.

A expressão "enfezado" segundo a etimologia popular tem haver com estar cheio de fezes; segundo a origem latina *"infensare"* quer dizer ficar raivoso, ser hostil. De qualquer maneira não é uma boa acolhida tanto uma como outra definição. O melhor é dar vazão a sentimentos ruins, para que a vida fique boa. Talvez para estes, Bob Marley tenha escrito:

"Pare de reclamar da vida e faça algo para mudar, mova-se, saia do canto, ficar parado é para os fracos, os fortes vão a luta".

E o terceiro grupo, são aquelas pessoas que apostam na mudança e trabalham para ela, mas não são radicais a ponto de abandonar o que fazem de imediato, elas vão em paralelo executando outras atividades, de forma equilibrada e tranquila, até que um dia finalmente trocam de profissão ou trabalho.

Como você quer estar em termos de realizações?

Não importa que idade você tenha contado. Importa como está o seu espírito. Rubem Alves no seu livro "Educação dos Sentidos... e mais" relata-nos dois importantes casos de pessoas, consideradas fora da faixa etária produtiva, segundo a cultura mundial atual. De acordo com ele, o fato ocorreu em Cambuquira, Minas Gerais, veja:

"Contei o caso de dona Clotilde. Todo mundo riu. Todo mundo aprendeu. O riso faz bem à inteligência. Aí aconteceu a surpresa alegre; contaram-me que dona Clotilde está viva, aos noventa e dois anos. Estar vivo aos noventa e dois anos é espanto, coisa rara. Mas pasme! Ela, aos noventa anos, defendeu tese de mestrado! E sua cabeça está mais lúcida do que nunca, cheia de indagações metafísicas... Que alegria!".

Continua o ilustre escritor sobre outro personagem que desafiou o tempo:

"Há muitos anos escrevi sobre um japonês que fez vestibular para medicina aos setenta anos (parece inútil, coisa de velho que perdeu o senso da realidade...), ele disse: "Desde menino eu quis estudar medicina. Quando era moço, não me foi possível porque eu tinha de cuidar de meus pais. Quando me tornei adulto, não me foi possível porque tinha de cuidar dos meus filhos. Agora, velho, meus pais mortos, meus filhos criados, posso finalmente realizar o meu sonho de menino...".

Você deve ser o juiz de suas ações, analisar, criticar e decidir em completa sintonia com a sua disponibilidade e sua capacidade.

Certa vez, diz uma história bem antiga, que um agricultor plantava "tamareira" em sua fazenda, todo feliz, diga-se de passagem. Esta planta muito cultivada no médio oriente é muito energética. Tamareiras produzidas a partir de sementes iniciarão sua produção entre 6 e 10 anos. Além disso, 50% das árvores serão macho, o que significa que elas não produzirão. Este agricultor tinha 80 anos de idade, e foi interrompido por um jovem de 25, que lhe perguntou por que plantava aquela espécie de planta, sendo que poderia não ter a oportunidade de vê-las produzir, ao que lhe respondeu o agricultor: *"talvez eu não veja, mas se você vir, para mim é o suficiente!"*

Se você olhar para as incertezas do amanhã, hoje você não faz, e amanhã quando for o hoje você não tem.

Tenha uma vida saudável e alegre, em tudo aquilo que você faz. Não deixe que sua carreira se torne um fardo pesado, insuportável para carregar.

Você vai ver na história de Jesus, descrita em Mateus 11.28-30, o maior Líder e revolucionário do seu tempo e posterior, que Ele se ofereceu para carregar os fardos das pessoas. O líder procura ficar lado a lado com os seus liderados, carregando suas frustrações ou incentivando-os a cumprir seus compromissos.

O Líder maior, Jesus, compreendeu que caminhar com tristeza, depressão ou decepção não abre possibilidade para a realização. Daí o depositar sobre Ele, o descarregar, consumando um alívio tremendo daquilo que é uma carga pesada.

Mas, em troca, no outro lado da ponta, você segura outro fardo, leve e suave, onde tem alegria, prazer, consolo e esperança. Para isto exige de você uma mudança. Mudar para melhor também exige sacrifício, qual seja, sair da rotina e da acomodação, para isto é necessário uma reforma mental.

Nick Vujicic, o palestrante e escritor sem pernas e sem braços, é extremamente exemplar para você, que acredita viver uma maré de coisas ruins; ele vive uma vida vitoriosa e o encoraja a fazer o mesmo, independente de sua condição atual, veja um trecho de sua fala, extraída do seu livro "Uma Vida sem Limites":

> "Não sei exatamente qual o fardo que você carrega, tampouco vou fingir que já enfrentei crise semelhante à sua, mas dê só uma olhada no que meus pais passaram quando nasci. Se não está onde queria estar ou se não realizou tudo que espera atingir, o mais provável é que a razão resida não à sua volta, mas dentro de você. Assuma a responsabilidade e, depois, aja. Pense nisto, você deve acreditar em si mesmo e no seu valor. Não pode esperar que os outros o descubra em seu esconderijo. Não pode ficar parado esperando que aconteça um milagre ou que apareça a oportunidade certa. Você deve pensar em si mesmo como uma colher de pau, e o mundo é seu caldeirão. Mexa a colher. Coragem!"

Sêneca disse a respeito disto: *"Não existe vento favorável para o marinheiro que não sabe aonde ir."*

Saiba de uma realidade, só você pode mudar a história da sua vida, você só vence se o quiser. Ninguém vence por outra pessoa. Se você não desejar vencer, não conseguirá. É preciso brotar de seu interior este desejo.

Viva cada dia com intensidade, desfrutando os acontecimentos a sua volta, fazendo o seu melhor.

Sugestão: faça um rascunho com anotações periódicas daquilo que você realizou, e o que você pretende realizar. Isto irá motivá-lo a não deixar o seu plano "dar teia de aranha".

Tome as rédeas, a direção de sua vida. Tenha disciplina, paciência e perseverança. Insista em seus objetivos.

Vivendo com propósito

Tem pessoas que querem o melhor da vida, mas dão o pior delas mesmas. Investem pouco e querem muito. Na medida em que você dá você recebe. Analise a fala de Francisco de Assis, um clérigo italiano do século XII: "*...pois é dando que se recebe...*", e você terá um grande ensinamento para a sua vida.

O propósito canaliza o seu ser interior e exterior para o ponto central.

Quando você namora e pretende se casar, começa a buscar tudo que tem a ver com o casamento: olha um apartamento para morar, uma TV para comprar, uma geladeira, um fogão, uma cama, etc. Tudo isto diz respeito, estreitamente, a seu propósito. Parece que você vê todo mundo se preparando para o casamento.

Quando você deseja ardentemente ser um profissional da música, você ensaia, você compra instrumentos e revistas sobre o tema, prepara-se e dedica-se a execução deste desejo.

Quando você vive com propósito na vida você faz com que seu trabalho, seu estudo, sua conversa, seu olhar, sua audição, sua percepção e suas atitudes estejam voltados para o atingimento do seu propósito. Você se dedica muito mais quando faz alguma coisa que deseja e esta relacionada com o seu propósito.

Quando eu era criança e morava num sítio; aos domingos, minha mãe sempre pedia que eu fosse pegar um frango no quintal para o almoço. Eles ficavam soltos pelo quintal, então eu jogava milho para que eles se ajuntassem. Eles cantarolavam e faziam uma grande festa enquanto comiam o milho. Neste momento, eu escolhia dentre todos aqueles, o que era mais gordinho como minha presa. O bastão ficava próximo, e após a minha seleção, eu pegava o bastão de madeira e de uma arrancada, partia para cima do meu alvo, até atingi-lo; eu não falhava! Eu gostava de fazer aquilo, e cada domingo que fazia eu me aperfeiçoava, tinha firme convicção de chegar ao resultado: pegar a refeição do dia!

Se você não tem propósito, hoje está numa direção, amanhã noutra e depois, não se sabe, também não chegará a resultado satisfatório algum.

Saiba que o propósito te dá força, impulsiona sua ação e motiva os seus movimentos. Gandhi diz que *"a força não provém de uma capacidade física e sim de uma vontade indomável".*

É sabido que quando você atinge um propósito, você passa a ter outro, na verdade esta é a razão de todos nós sermos realizadores. É tão bom produzir algo, chegar ao objetivo, alcançar o planejado! Você não acha?

Existem pessoas que se deprimem por falta de propósitos, outras por terem muitos, e, outras ainda, por incrível que pareça quando o alcançam. O equilíbrio diante de todas as situações é muito importante, e, saber que o que mais conta é jogar o jogo da vida com os melhores sentimentos e sem ansiedade. Daí, todas as situações e circunstâncias pelas quais você venha a viver será motivo de deleite.

Em todas as situações, pelas quais, você passar poderá tirar boas lições.

Lembre-se você é guiado pela sua mente. Não a deixe levá-lo a outro lugar que não seja o seu alvo.

Crie expectativas acerca dos seus sonhos. Estas expectativas criam uma atmosfera que contribuirá para que o ambiente o leve ao sucesso. Você precisa de um ambiente, de uma atmosfera favorável, e isto começa por você.

2 Eleger prioridades

"Prioridade existe quando nada ao redor consegue interromper o avanço da ação que move a pessoa em direção ao foco, e o objetivo é o único resultado que interessa."
Hermann P. M. Neto

A iniciativa coloca você diante das oportunidades e em direção ao alvo que você definiu. Se você colocar entusiasmo ao que irá fazer, as oportunidades se multiplicarão. Para desenvolver o seu potencial você precisa de foco. Quando você tem um foco, precisa fazer escolhas, definir as prioridades. Estas escolhas e definições devem dizer respeito aos seus objetivos, que terão como resultado o alcance de suas metas, o que culminará com a sua chegada ao topo de sua carreira.

Johann Goethe, um grande filósofo alemão declarou algo importante sobre as suas iniciativas, e o concurso da força divina em favor delas, veja:

"Em relação a todos os atos de iniciativa e de criação, existe uma verdade fundamental cujo desconhecimento mata inúmeras ideias e planos esplêndidos: a de que no momento em que nos comprometemos definitivamente, a providência divina move-se também. Toda uma corrente de acontecimentos brota da decisão, fazendo surgir a nosso favor toda sorte de incidentes e encontros e assistência material que nenhum homem sonharia que viesse em sua direção. O que quer que você possa fazer ou sonhe que possa, faça".

Comprometer-se com aquilo que você fará deve ser parte do seu caráter. Quando você decide por alguma coisa, saiba que precisa fazer o seu melhor, para isto você necessita familiarizar com os processos e habituar com o seu fluxograma, veja alguns detalhes:

Familiarizando com os processos

O jogador de futebol, esporte este conhecido nacionalmente pelos brasileiros, você sabe, precisa conhecer as suas regras, para que possa se defender, atacar e fazer os gols no time adversário.

O jogador sabe quanto tempo dura uma partida de futebol, quando há falta, quando é escanteio, tiro de meta, pênalti e tudo mais.

Um motorista de automóvel conhece as regras de trânsito e a sinalização, necessárias para movimentar-se nas vias corretamente e com segurança, devendo ficar atento a elas.

Você ao aderir a um negócio precisa conhecer, tanto quanto possível sobre, para que, produzindo faça chegar o produto ou serviço aos usuários com qualidade, rapidez e segurança, no mínimo. Ou então, vai "dar com os burros n'agua", expressão popular para o fracasso.

Habituando com o fluxograma dos processos

Todo processo de execução de quaisquer atividades, sejam econômicas ou não, possui um fluxo, o qual lhe permite conhecer os movimentos existentes desde sua origem até o destino.

As rotinas e os hábitos são fluxogramas executados inconscientes, automatizados e, para que sejam alterados dependem de se tornarem conscientes. Para que isto aconteça, você deverá dar mais atenção a tudo que você faz em sua vida.

Você pega o seu veículo e vai ao trabalho todos os dias, geralmente pelo mesmo caminho. Se, num determinado dia, antes do trabalho, você deseja ir a outro local, se não se concentrar nisto, você se vê em direção ao seu trabalho, no caminho errado ao local onde desejava ir antes do trabalho; isto ocorre porque sua mente foi automatizada com o fluxograma de ida ao trabalho, mudar este fluxograma exige muita concentração.

Diz uma fábula que um sapo encontrou com uma centopeia e tiveram o seguinte diálogo:

- "Dona Centopeia, sou um admirador seu. Disse o sapo.
E ele prossegui perguntando: - Diga-me como consegue andar com tantos pés com facilidade, e eu com apenas quatro pés tenho que pular para me deslocar?
- Não, sei. Respondeu. Simplesmente ando. Completou a Centopeia.
Ao sair daquele diálogo, a centopeia ficou toda atrapalhada, pois não sabia quais patas colocar em primeiro lugar".

Muita coisa a gente realiza de maneira automatizada, o hábito se encarregou deste serviço. Entretanto, tratando-se de atividade mais complexa é importante conhecer e avaliar a operacionalização dos seus processos, pois uma solução aplicada hoje a um determinado problema, pode não ser a mais indicada como solução para o mesmo problema, noutro dia.

Conhecer o fluxograma dos processos é tão importante para que você tenha um mapeamento descritivo, no qual está envolvido, e um conhecimento de quais são os atores responsáveis em garantir que, cumpridas as regras do negócio, executando o seu fluxo, seja assegurada a qualidade e a eficiência na entrega do produto ou serviço que você se propôs a trabalhar.

Mesmo diante de todas as informações e atitudes positivas que você possuir, aprenda a ouvir e seja receptivo a críticas; você não é infalível! William Bolitho disse o seguinte: *"A coisa mais importante na vida é não capitalizar sobre os nossos ganhos. Qualquer idiota pode fazer isso. A coisa realmente importante é tirar proveito de nossas perdas"*.

....

Mesmo diante de todas as informações e atitudes positivas que você possuir, aprenda a ouvir e seja receptivo a críticas.

....

O sentimento que, aflorando, não nos permite admitirmos nossos erros é o orgulho, algumas vezes pode ser o medo. Porém, mesmo quando o medo é a razão, por detrás dele, há orgulho. Este sentimento prejudica e muito o sucesso de várias pessoas; vencê-lo é difícil, mas de todas as formas deve ser subjugado, a fim de dar livre curso ao seu objetivo central.

Coloque suas prioridades com bastante critério, primando por não ultrapassar os limites da verdade, da justiça e do respeito para com todos. Nick Vujicic nos deixa uma séria reflexão sobre nosso comportamento: *"de vez em quando é saudável parar e olhar para o lugar em que está, e se perguntar se suas ações e prioridades estão a serviço de um propósito mais elevado"*.

Ao eleger as suas prioridades, você se torna seletivo, consegue ter uma melhor concepção daquilo que realmente importa e é essencial, você não se dispersa num montão de tarefas, não se perde em meio à confusão de situações vividas diariamente.

A prioridade levará você a executar, por ordem de importância e relevância, as atividades que irão ajudá-lo na realização dos seus objetivos, uma a uma, do início ao fim. Parece até cômico dizer que você realizará as atividades uma de cada vez, mas o que mais absorve as pessoas e suga seus projetos é a multitarefa.

Priorizando você faz mais e melhor por quê:

a) **Organiza e gerencia seu tempo:** se você não dá efetividade as suas ações, dispersa suas forças e desperdiça o seu tempo. Napoleon Hill disse: *"Uma das mais delicadas missões do homem consiste em harmonizar as suas forças mentais de tal modo que possam ser organizadas e dirigidas para a ordenada consecução de um dado objetivo. Sem esse elemento de harmonia, nenhum indivíduo pode tornar-se um pensador consciencioso"*.

b) **Faz as coisas primeiras em primeiro lugar:** Não se atrapalhe em meio ao tumulto insano do mundo, mas decida calmamente a cada momento o que fazer em primeiro lugar, influenciado unicamente pelo propósito de chegar ao seu alvo.

c) **Não faz coisas supérfluas:** Um desperdício de tempo silencioso é aquele que você usa para fazer algo que não sabe para que o está sendo feito. Dizem que num batalhão da Grécia, certa vez um comandante de um batalhão militar colocou um soldado de plantão ao lado de um banco, recém-pintado, na praça da sede do batalhão, para evitar que a pintura fosse estragada por algum desavisado. Este comandante foi transferido no dia seguinte. Vieram outros a sucedê-lo, e sempre continuaram a destacar um soldado para aquele posto. Até que após alguns anos, alguém resolveu saber o porquê havia um soldado naquele lugar, próximo ao banco da praça do batalhão, e naquela mesma posição todos os dias, e, para surpresa de todos, ninguém sabia o motivo daquela atividade.

Saiba que você não tem como carregar o mundo sobre suas costas. Tudo o que fizer, faça muito bem feito, mas não tente fazer tudo.

3 Concentrar-se no objetivo

"A meditação tornará sua mente calma, clara, e tão concentrada quanto um laser que conseguimos focar conforme a nossa vontade. Esta capacidade de atenção focada é a essência da genialidade. Quando temos este domínio sobre a atenção em qualquer coisa que fazemos, temos uma genialidade para vida e si: segurança inabalável, julgamento nítido e profundos relacionamentos pessoais."
Eknath Easwaran

Como vimos no capítulo anterior, se você não elege as prioridades, é de se concluir que você trabalha muito e produz pouco. Quando eu falo em concentrar-se, primeiramente, quero trazer a sua lembrança, que você tem uma quantidade de energia física e espiritual, e que se não for bem utilizada ela será desperdiçada. Segundo, que concentrar-se, como exponho neste trabalho é o ato de focar a mente sobre determinado desejo, sonho ou determinada visão, até que sejam realizados com êxito, através dos meios que você irá desenvolver e utilizar.

Se o alvo certo é focado, de forma planejada e estruturada, sua percepção conseguirá discernir em todas as atividades em que você vier a executar, oportunidades que contribuirão para a efetivação do seu objetivo. O filósofo alemão Arthur Schopenhauer, descreve o talentoso e o genial, comparativamente com o alvo que ele alcança, acompanhe: *"Talento é quando um atirador atinge o alvo que os outros não conseguem. Gênio é quando um atirador atinge o alvo que os outros não veem"*.

Você precisa saber que em todas as suas atividades você gasta as referidas energias, considerando que as atividades e as necessidades são ilimitadas, faça uso racional e inteligente destas energias, sob pena de sofrer um indesejável “apagão”.

A mente humana tende a dispersar incessantemente, para que isto não ocorra, é preciso domesticá-la, trazê-la cativa a nossa própria vontade, submetê-la ao nosso desejo. Isto exige **esforço** e **autodisciplina**.

O **esforço** está relacionado com o treinamento que se precisa dispensar a memória para que ela navegue nos pensamentos conforme o seu interesse. Este treino, voluntário ou involuntário, gera o hábito, ocasionado no primeiro caso pela técnica da repetição, provocada por você e seus objetivos ou, no segundo caso, pelo meio ambiente que te envolve. Estas repetições praticadas podem moldar o espírito das pessoas.

Você já parou para pensar no que houve na Alemanha, na época de Hitler? Foi uma espécie de adestramento mental, de sorte que o pensamento da nação quase ficou unificado em torno da filosofia daquele governante. Napoleon Hill descreve: *“Os cavalos são exercitados para determinadas marchas pelos treinadores, que os fazem saltar sobre obstáculos, desenvolvendo assim a marcha desejada por meio do hábito e das repetições. O espírito humano precisa ser treinado de uma maneira idêntica, por meio de uma variedade de estímulos que inspirem o pensamento”.*

Para que esta moldura do espírito se realize a **autodisciplina** é primordial, porque tem tudo a ver com a prática paciente e persistente do controle mental, tal como do controle físico. É por tanto, imperioso resistir à tentação de desistir e, por conseguinte permanecer no estado ativo, vencer o cansaço e criar novos hábitos. Quando você faz o que tem que ser feito, mesmo quando é tentado a não fazer, você atingiu um excelente nível de autodisciplina.

No livro de Josué 1.8 há uma recomendação para falar e meditar no livro da lei dia e noite. Esta é a forma prática de concentração no alvo que você tem em mente. Não deixe o seu alvo apartar de ti. Escreva-o na sua escrivaninha, na carteira de bolso, no espelho do quarto, até que tenha sido entronizado no seu espírito.

A concentração influencia o seu comportamento, estimula as células de seu corpo; concentrar-sc dc forma positiva injeta ânimo aos seus desejos.

Quando você está tão concentrado naquilo que pretende, você respira, ouve e vê tudo em sua volta como se isto fosse o centro do universo. Nesta situação, o seu foco está mais concentrado do que disperso, o que indica um excelente estado de espírito, potencialmente mais capaz de materializar os seus sonhos.

Os jogadores esportivos antes de uma competição ficam em concentração; ficam em um local onde trabalham a mente no propósito e no objetivo que almejam alcançar, na disputa a qual irão participar, energizando-se para o momento especial.

Se você não se concentra você entra em dispersão, ao dispersar deixa de ter objetivo claro e definido.

Colocar seu objetivo como ponto central da vida e concentrar-se nele, não quer dizer que você não terá uma vida regular. Desta forma, em qualquer situação rotineira, como por exemplo, quando estiver conversando com alguma pessoa, com um amigo, vizinho ou colega de trabalho, concentre-se nisto, você não pode perder a chance de aprender com outras pessoas, com as atividades que elas estejam desenvolvendo, nem tão pouco de ajudar outras pessoas a alcançarem os seus objetivos. Ademais, todas estas situações poderão ser canalizadas para o seu objetivo central.

Acontecimentos imprevistos são inevitáveis na vida de qualquer pessoa, não faça pouco caso deles, você tem compromissos e responsabilidade espiritual, social, moral e financeira com as pessoas com as quais se relacionam com você, portanto, seja solidário, generoso e empático.

Preste bastante atenção aos detalhes do dia a dia, eles podem lhes ser muito úteis, e é a partir da sua sensibilidade para percebê-los que você irá capturar o melhor deles. Lembre-se, você não tropeça numa pedreira, mas numa pedrinha. Você já ouviu falar da piada do casal de velhinhos, que tinham problemas de memória?

"O casal de velhinhos esqueciam tudo. Foram até ao médico a procura de ajuda. O médico, infelizmente, sabe que para determinados males não há remédio. De qualquer forma, receitou-lhes uns comprimidos e deu-lhes um conselho prático: "Eu sugiro que vocês criem o hábito de carregar um caderninho, cada um com o seu, e que nesse caderninho, vocês escrevam as coisas que não podem ser esquecidas". Os dois ficaram satisfeitos com a sugestão. Simples não? Saíram do consultório e foram direto comprar os caderninhos. Em casa, a mulher, cansada, disse ao marido: "Que vontade de tomar sorvete..." O marido respondeu: "Vou pegar o sorvete para você na geladeira, meu bem..." Ela argumentou: "Acho melhor você escrever no caderninho: duas bolas de sorvete de creme com calda de chocolate..." "Não é preciso", disse ele. "Daqui até a cozinha não vou esquecer". Passados vinte minutos, ele voltou com o pedido da mulher.

Trazia dois ovos fritos num prato. Ela disse irritada: "Eu sabia que você iria esquecer. Onde estão as tiras de bacon?"

Lute, contra aquilo que tira a sua concentração do seu alvo, contra o que distrai a sua atenção daquilo que é importante para a realização de seus objetivos. Estas coisas são ladrões, são verdadeiros vilões em sua vida. Recorde-se: o hoje é importante, nele você pode fazer alguma coisa; o passado está fora do seu alcance, pode servir como experiência, e, o futuro começa hoje, com aquilo que você tem compromisso e realiza. Spencer Johnson diz: *"Estar no presente significa desligar as distrações e prestar atenção ao que é importante agora. Você cria o seu próprio presente com aquilo em que você presta atenção hoje"*.

Destaco alguns dos ladrões da sua concentração, são eles: a ira, a amargura, o ódio, a preguiça, a postergação, as desculpas, a inveja e o medo. Eles impedem que você concentre-se naquilo que irá levá-lo à realização pessoal e profissional. É simples assim, se você não concentra no essencial, e concentra-se no supérfluo, não executa de maneira eficaz as atividades que o levará ao topo de sua carreira. Saiba de uma coisa: o tempo que você tem não permite que você se concentre naquilo que é distração do seu sucesso. Saiba que o que importa é seu objetivo, volte para o seu caminho, o caminho correto. Se a distração o pegar, jogue-a pela janela do 50º andar de um edifício. Concentre-se no que importa, naquilo que irá pavimentar a realização de seu sonho.

Criar uma atmosfera de concentração e ação, evita um péssimo hábito, o da postergação, o adiamento indefinido e a inconclusividade. Para John C. Maxwell a postergação *"é o adubo que faz as dificuldades crescerem"*. Se você não começa uma atividade ela não termina, se ela não termina o problema só acumula. Mason Cooley, disse o seguinte: *"Os adiamentos tornam difíceis as coisas fáceis e as difíceis ainda mais difíceis*".

Por muitas vezes somos compelidos ao desânimo, pela nossa própria imaginação; ela descreve um cenário complicado de determinada situação, e por causa disto, na maioria das vezes, desistimos antes mesmo de começar. O pensador Sêneca afirmou que: *"Muitas coisas não ousamos empreender por parecerem difíceis; entretanto, são difíceis porque não ousamos empreendê-las"*.

Você já parou para analisar que, quando seu corpo começa a dar sinais de que ficará meio doente, com um mal estar, e você diz a você mesmo: "não posso ficar doente, pois tenho que fazer isto ou aquilo", e então prossegue sem dar atenção aos sintomas, e não fica realmente doente. Ou, quando você está em viagem de automóvel, e, dirigindo o veículo, de repente o cansaço chega forte, você olha em torno da rodovia e, não há lugar para parada de descanso, você então para, respira e conclui que não tem outra opção, senão em prosseguir, e que não pode deixar o cansaço lhe abater; desta feita, você reage, expulsa o cansaço e conclui a viagem. Nestes casos, as reações contra as adversidades foram maiores, o que resultaram em saldo positivo. O coreano Dr. Paul Yonggi Cho, descreve o estado de medo em que muitas pessoas vivem, como uma prisão. As pessoas em estado de medo ficam psicologicamente aprisionadas – há uma verdadeira escravidão, este temor ceifa muitas coisas boas delas. Se não adotarem uma postura de libertação, elas poderão ser levadas até a depressão. Para mim o medo é uma:

Mentira

Especial,

Deixando-a

Oficializa.

Paul Yonggi Cho relata um fato superinteressante que lhe sucedeu, quando o seu temor em contrair tuberculose, doença que assolava o seu país, o levou a contrair esta doença. *"Sofri de tuberculose porque estava constantemente vivendo sob o temor da tuberculose. Na escola secundária, eu tinha uma aula na qual devida lidar com garrafas de álcool com ossos e intestinos humanos, a simples vista destas garrafas enchia-me de pavor"*, disse Cho.

A precipitação da doença nele se deu quando o seu professor teceu enormes argumentações, inclusive sobre quem estava propenso a adquirir tal doença, cujas características potenciais ele se enquadrava: homens com ombros estreitos e pescoço comprido. Apavorado, pressentiu que iria contrair a doença. Não deu outra, contraiu a doença! Assim como a concentração naquilo que é negativo atrai o negativo, certamente o será com o positivo.

Napoleon Hill disse com respeito a isto o seguinte: *"Alimentemos na consciência um desejo profundo, com a ajuda do princípio da concentração, e, se fizermos isso acreditando na realização desse desejo, atrairemos, em nosso auxílio, poderes que toda a ciência do mundo não conseguiu compreender ou explicar por meio de uma hipótese razoável"*.

Dizem os estudiosos que o nosso cérebro tem capacidade de se ater entre cinco a nove coisas de cada vez. Diante disto, ele seleciona o que considera mais importante em cada momento. Eles afirmam que existe uma estrutura no cérebro humano, chamada de Substância Ativadora Reticular Ascendente que funciona como filtro, e que ela traz a mente informações sobre aquilo que você está acreditando ou concentrado num dado momento.

Decifrando esta estrutura cerebral em termos mais simples, é o seguinte: quando você está concentrado em algum assunto ou situação, esta substância fará um filtro para você, trazendo-lhe tudo que diz respeito ao referido assunto ou situação. Assim, por exemplo, uma mulher grávida em preparação de enxoval para criança, vai ter a sensação que muitas mulheres estão grávidas. A percepção dela lhe fornecerá a sensação que o número de mulheres grávidas aumentou. A famosa Substância Reticular foi ativada para o nascimento de bebês.

Da mesma maneira, se você deseja, por exemplo, comprar uma moto. Começa pesquisar nas revistas especializadas sobre motos. Você vai e faz um consórcio de moto. Você vai ver tanta propaganda de moto, que terá a sensação que a oferta de motos, e o número de pessoas que estão procurando este veículo para comprar aumentaram.

De igual modo, se você for comprar um carro de uma marca "xis", você verá tantos carros da marca "xis" que chegará a pensar: "eu quase não via este carro, porque estou decidido a comprá-lo, parece que todo mundo também se decidiu por ele".

E o que isto tem há ver com o que estou falando de concentração? Você viu que a concentração no negativo, no caso anterior, o medo de contrair a tuberculose levou a tuberculose a se instalar. Você viu nos demais casos, que a concentração lhe traz mais acuidade naquilo em que você concentra. Assim, eu aprendo que, quando você concentra-se no seu objetivo, o seu cérebro perceberá muito mais as oportunidades existentes que o ajudarão a alcançar o topo.

Neste estado de concentração, você passará a encontrar com pessoas que lhe ajudarão, verá nas manchetes de jornais, na internet, enfim, verá ao seu redor, um mundo de possibilidades que você duvidará que, estavam próximas de você. Ralph Waldo Emerson disse: *"As pessoas só vêem aquilo que estão preparadas para ver"*.

A partir de agora, acione sempre atitudes e pensamentos positivos. Ouse acreditar nas pessoas, e muito mais em você. Estes pensamentos atrairão até você aquilo que você pensa. Esta informação está perfeitamente alinhada no que escreveu o Apóstolo Paulo aos Efésios 4.23: *"E vos renoveis no espírito da vossa mente"*; bem como no seu outro escrito aos Filipenses 4. 8: *"tudo o que é verdadeiro, tudo o que é honesto, tudo o que é justo, tudo o que é puro, tudo o que é amável, tudo o que é de boa fama, se há alguma virtude, e se há algum louvor, nisso pensai."* Os pensamentos constituem a base daquilo que você é ou será!

Você deve ver as coisas em relativa abundância. Há um provérbio árabe que retrata a justa definição que tenho sobre o assunto: *"Não é o que possuímos, mas o que gozamos, que constitui nossa abundância."* Nick Vujicic fala sobre a abundância numa abordagem visionária:

"Quando você acredita em abundância, é porque acredita que há uma fartura de bênçãos de Deus – realização, oportunidades, felicidade e amor – para todo mundo. Eu o encorajo a adotar esse ponto de vista, porque ele abre seus olhos para as outras pessoas. Se você tende a pensar no mundo como um lugar de escassez e oportunidades limitadas, então verá seus companheiros de viagem como ameaças, que podem roubar tudo que existe, sem deixar coisa alguma para você. A competição é saudável, porque motiva. E você sempre vai encontrar pessoas que querem as mesmas coisas que você quer. Com mentalidade da abundância, acredita que existem bênçãos e recompensas suficientes no mundo para todos; nesse caso, competir significa se esforçar para fazer o seu melhor e incentivar as outras pessoas a fazerem o mesmo."

Pense em obter bons frutos de seu trabalho e daquilo que faz, para você e para a comunidade, para tanto, programe-se, determine prazos, estabeleça metas, acompanhe o desenrolar de suas atividades, avalie, reprograme-se e não desista enquanto não fizer o que tem que ser feito. Isto não implica que você vá viver uma vida inteira orientada por metas. É sabido, porém que se você não as tiver, andará a esmo, vendo o tempo passar sem realizações consideráveis. Earl Nightingale afirmou: *"Pessoas com metas triunfam porque sabem para onde vão. É tão simples como isso".*

4 Agir em conformidade com os propósitos principais

"Pensar é fácil. Agir é difícil. Agir conforme o que pensamos isso ainda o é mais."
Johann Goethe.

Muitas pessoas conseguem alcançar seus objetivos porque tem talento, ou porque os diversos recursos necessários à obtenção dos ótimos resultados estão disponíveis para elas. Entretanto, algumas qualidades são primordiais para compor com aqueles fatores, quais sejam: a iniciativa, a autodisciplina, a paciência e a perseverança. Uma boa notícia: com estas qualidades mesmo sem os recursos necessários disponíveis você consegue chegar ao topo de sua carreira, porque com as qualidades você obtém os recursos. Para percorrer este caminho é preciso estar sempre avaliando e mensurando o que se está fazendo, e, se o que está sendo feito é da melhor forma.

É pelos frutos que você conhece a árvore. Veja então, se os resultados que você tem obtido são os esperados. Você vai precisar do talento para chegar ao topo, mas se não o tiver em grande quantidade, você precisará desenvolver o maior número de boas qualidades, que substituirão esta carência de talento. Talento adicionado a estas e outras boas qualidades, asseguram para você uma trajetória de bonança. Sun Tzu declara: *"Se quisermos que a glória e o sucesso acompanhem nossas armas, jamais devemos perder de vista os seguintes fatores: a doutrina, o tempo, o espaço, o comando e a disciplina".*

Outro elemento importante para o sucesso é a postura. Reflita sobre a sua postura, dando a importância devida sobre ela, se aquilo que você fala e faz estão de acordo, e se estão alinhados com os seus objetivos. Se isto não está acontecendo, você está desnorteado e sendo displicente.

Palavras apenas de nada adiantam se não vierem de ações correspondentes. Transformar palavras em ações, entretanto exige esforço, determinação, ousadia e fé.

Na trajetória de sua vida rumo ao sucesso você precisa fazer:

a) **Coisas que não gostaria**: é preciso aprender a viver fora da zona de conforto. Quando você assume o papel de protagonista de sua vida, você passa a ser o seu líder, e estar na liderança, no controle, e em direção ao alvo, requer conviver nas mais diversificadas situações. Porém, em todas elas, você deve manter a calma e a postura de vencedor. Porque você e mais ninguém sabe que o mais importante é o seu propósito maior;

b) **A diferença para melhor:** Fazer por fazer muita gente faz. Agora, você sabe que é preciso fazer com diferença e com qualidade. Você não necessitará dizer que faz de forma especial, as pessoas notarão. A fama e o estilo se espalham, sejam bons ou ruins; sua história será contada por muitos.

Um segredo que precisa cuidar: não dê atenção para o que os pessimistas pensam a seu respeito. Você é quem deve primeiramente acreditar em você. Isto é algo sério; gostaria que você meditasse no que expressou Goethe: *"Assim que você confiar em você mesmo saberá como viver"*.

Acredite naquilo que é e no que faz. Faça todas as coisas com zelo, intensidade e confiança. Se você faz algo em que não acredita é como o tolo que vai de um lado para o outro, tal como uma folha seca é movimentada pelo vento.

Sem acreditar em você e no que faz você estará em apuros. Você age como um hipócrita. Hipócrita é o nome originalmente utilizado para designar os atores da antiga Grécia, que usavam máscaras para representarem durante as apresentações teatrais. Assim ao referir a um hipócrita hoje, dizemos que é a pessoa que tem uma vida que não corresponde com sua fala, é uma pessoa que diz uma coisa e vive outra.

Entretanto, você se dará a conhecer mais pelas suas reações do que pelas ações; aquilo que você fala e faz de improviso é o que conta para a sua imagem. Napoleon Hill afirma: *"Toda ostentação é inútil, porque qualquer pessoa instruída, depois de nos ouvir uns três minutos, nos julgará tal qual somos*".

No expressar de forma espontânea, você deixa escapar algo sem se dar conta, ao que Freud chama de parapraxias – lapsos da fala ou da escrita e algumas formas de esquecimentos devidos a traumas.

Os lapsos ocorrem porque você tem um discurso programado, mas no seu íntimo não acredita - diz o que não faz. Freud explicou este fenômeno, atribuindo a um descuido do consciente, que normalmente fica no estado de vigília, de tal maneira que a expressão mais íntima e verdadeira sobre determinada coisa, assunto ou pessoa fica reprimida no inconsciente, e ocorre com este descuido, um escape para o consciente que é manifesto através da fala ou da escrita.

Outra forma de conhecimento das pessoas está na chamada comunicação não verbal – a expressão corporal. Esta comunicação é realizada através do corpo ou da expressão facial. Quando as pessoas estão conversando elas executam alguns movimentos corporais; para estes movimentos, encontramos resposta através do princípio da excitação, explicado por Darwin, que nos informa, por exemplo, porque os cães abanam as caudas. Estas exteriorizações das emoções se dão porque os estímulos emocionais reprimidos são desviados para alguma parte do corpo. Arthur Schopenhauer afirma que: *"As causas não determinam o caráter da pessoa, mas apenas a manifestação desse caráter, ou seja, as ações"*.

Assim, ao conversar, gesticular ou mesmo silenciar, você comunica sobre o que você pensa no seu íntimo, enfim, sobre o seu caráter. Se estes três elementos: pensar, falar e agir não estiverem alinhados, sua atitude corporal irá expressar de algum modo, seja demonstrando satisfação ou insatisfação, e esta será percebida pelo seu interlocutor. Napoleon Hill afirmou que: *"Cada linha que um homem escreve, cada ato que pratica e cada palavra que pronuncia servem como prova indiscutível da natureza do que se encontra arraigado no seu próprio coração, como uma confissão que ele não pode negar"*.

Você possui várias crenças em várias coisas e em muitas pessoas. Algumas destas coisas não passam de mito. Há pessoas nas quais você acredita por admiração, algumas delas não têm substrato, e posteriormente se revelam indignas de crédito; só depois de muito tempo você percebe a completa falência que são. Elas ostentam uma coisa, mas de fato, são "outra coisa" bem diferente.

Se você aprender a ler o comportamento das pessoas, terá um instrumento para conviver de maneira mais segura, e ter ação e reação mais equilibradas.

Você de posse do conhecimento sobre as pessoas de seu convívio irá identificar um grupo especial de pessoas que eu chamo de desmancha-prazeres. Elas são pessoas que se auto-intitulam conhecedoras, eruditas ou experientes; elas são mestras em caçar falhas, elas procuram destruir a sua autoimagem e a convencê-lo de que não é capaz de realizar os seus sonhos. Tenha cuidado!

Outro grupo de pessoas são aquelas que se intrometem em tudo, dão opinião sem saber o que estão falando, e falam como se tivessem convicção. Se você não tiver segurança do seu projeto, você poderá até deixá-lo de lado por causa destas opiniões.

Dizem que um camponês, quando foi pai pela primeira vez, recebeu uma recomendação para dar leite de cabra para seu filhinho devido algumas complicações na sua saúde.

O leite de cabra e o leite de vaca possuem quantidades semelhantes de gorduras e proteínas, a diferença está na qualidade. A digestão e absorção do leite de cabra são duas vezes melhor que o de vaca, ele é recomendado para crianças desnutridas.

Veja a estória:

"Um camponês saiu a procura de uma cabra para comprar, percorrendo alguns quilômetros na comunidade vizinha para isto. Depois de andar algumas milhas ele conseguiu comprar uma cabra prenha, e, cheio de felicidade a trazia amarrada ao pescoço, por uma corda, para sua casa. Acontece, que um amigo seu, ao cruzar com ele pelo caminho disse-lhe: bela cachorra! Mais a frente, outro camponês lhe perguntou: "onde comprou esta cachorra meu senhor?" Ele respondeu: "pras banda do Rio Verde". Mais a frente um compadre seu, volta para ele e diz: "compadre quando esta cachorra der cria me arranje um filhote". Diante dos fatos ele pensou: "vou soltar esta cachorra, porque senão todos vão rir de mim lá em casa, por eu ter sido enganado". Assim fez, desamarrou a corda do pescoço da cabra, e, deu com a corda nas suas costas, ela saiu pulando e berrando. O camponês exclamou: "não é que a danada da cachorra berra igual a uma cabra!"

Cuidado com os "desmancha-prazeres" e os intrometidos! Eles são figuras pessimistas e estão sempre procurando o "cisco no olho do outro", e são muito bons nisto. No fundo, o sentimento que possuem é o de inveja, consciente ou inconscientemente, são mal resolvidos, não convivem com o sucesso alheio, porque o desejam para si. Elas tem capacidade para muitas coisas, só não conseguem colocá-las em ação.

Ciente disto, procure dar um salto do atual nível de vida que você se encontra. Para isto você precisa abandonar:

1 – Desejo de hostilidade contra terceiros

A hostilidade não é instrumento adequado para vencedores.

Você precisa estar acima das atitudes desprezíveis se deseja ser superior aos seus adversários. Arthur Schopenhauer dá uma dica sobre uma estratégia, que não é a única, de como tratar com aqueles que resistem a você, veja o que ele diz: *"Assim como a cera, naturalmente dura e rígida, torna-se, com um pouco de calor tão moldável que se pode levá-la a tomar a forma que se desejar, também se pode, com um pouco de cortesia e amabilidade, conquistar os obstinados e os hostis."* O psicanalista Freud de forma semelhante afirma: *"Podemos nos defender de um ataque, mas somos indefesos a um elogio"*.

Certa vez perguntaram a Davi, um herói da Bíblia Cristã, narrativa no livro de 1Samuel 24.10, porque não matara ao seu arqui-inimigo e perseguidor, Saul, quando teve oportunidade, ele disse que *"não estenderia a mão contra ele, pois era o ungido de Deus"*. Sun Tzu no livro a arte da guerra disse: *"A suprema arte da guerra consiste em vencer o inimigo sem ter que enfrentá-lo"*.

Um velho mercador questionado sobre a possibilidade de atentar contra a vida de um concorrente desleal, disse: *"não tenho tempo para fazer uma besteira e sujar minhas mãos, o tempo que tenho é muito curto e preciso usá-lo para mercadejar"*.

Estes senhores estavam por demais corretos em suas atitudes, eles pensaram num nível mais elevado, e sabiam que a própria natureza se encarrega de descartar os indignos dela.

Adotar uma postura de vingança é o egoísmo superando o altruísmo. Quantas pessoas que trilham por este caminho e se destroem juntamente com seus adversários? Elas perdem o foco, desviam energia na arquitetura e execução da vingança, rebaixando-se ao nível dos adversários. Marco Aurélio – um grande Imperador Romano, disse algo bastante interessante: *"Abster-se de imitar é a melhor vingança"*.

Se quiser chegar ao topo da sua carreira, ou se nele estiver, não pense mesquinho dando espaço para atitudes ridículas, alimentadas pelo ódio. Martin Luther King disse: *"Não permita que nenhum homem o faça descer tão baixo a ponto de sentir ódio"*.

Você vencerá os seus adversários com trabalho, amor e desprezo para com suas atitudes ridículas. Há um ditado coreano que se aplica as atitudes ridículas adotadas contra as outras pessoas, veja o que ele diz: *"Se desejas sujar o rosto dos outros com barro, terá primeiro que sujar suas mãos"*. De modo que você será o primeiro a receber aquilo que deseja ofertar.

Se almejares ir para o alto, tenha atitudes dignas das alturas.

Se alimentares a fera que há em você ela te sucumbirá e o submeterá ao fracasso. Domine-a e você dominará todas as situações que lhe sobrevier. Lembre-se: não se apequene por causa da pequenez dos outros.

2 – Desejo de hostilidades contra si mesmo

Existem pessoas que são tão rigorosas no relacionamento inter e intrapessoal, que não admitem a elas mesmas cometerem algum deslize, buscam a infalibilidade. Como sofrem consigo mesmas! Elas são perfeccionistas e tem dificuldades de convívio social por este motivo.

Por cometerem falhas contra outros ou contra elas mesmas, passam por uma vida de privações, como forma de autopunição.

Tenha atitudes mais humanizadas com você mesmo. Não se culpe porque você ainda não atingiu o seu objetivo. Perdoe a si mesmo pelas falhas e os insucessos. Você não é perfeito e não é o único a falhar!

Até o ordenamento jurídico brasileiro consagra o direito, a qualquer pessoa, de não se autodenunciar, quando afirma que "ninguém é obrigado a produzir prova contra si mesmo".

Dê a si mesmo crédito, e inicie novamente sempre que for preciso, aprendendo com os seus erros.

Não deixe que os acontecimentos da vida dite-lhe o que sonhar.

Lute contra a tendência da inércia do corpo

"Se te ocorrer, de manhã, de acordares com preguiça e indolência, lembra-te deste pensamento: levanto-me para retomar a minha obra de homem".
Marco Aurélio

Tenha ciência de que o seu corpo só estará alinhado com seu o objetivo, se você esforçar-se para isto.

O corpo humano tende a ficar no comodismo, permanecer no estado de improdutividade, na postergação, na preguiça ou no ócio total.

A postergação é a preguiça em ação. O preguiçoso deseja, deseja e não chegará a sua realização, ao contrário, aquele que trabalha com diligência, atentando para o seu trabalho, aproveitando as oportunidades terá prosperidade e abundância ao seu redor. O livro de Provérbios 13.4, diz o seguinte: *"O preguiçoso deseja e nada tem, mas a alma dos diligentes se farta."* Von Goethe disse algo sobre a insuficiência, tanto do conhecimento quanto do querer: *"Saber não é suficiente; devemos aplicar. Querer não é suficiente; devemos fazer".*

Credito esta tendência ao fato de que desde a concepção ao nascimento, da infância a velhice, o corpo caminha para a falência. E contra esta falência temos que traçar uma luta permanente todos os dias.

Há um momento em que a morte - último estágio da inércia e da fraqueza humana, encontra lugar na vida de todo ser vivente, mas até que isto aconteça a mente em perfeito funcionamento tem que lutar para não se render e, manter firme o compromisso dos que guerreiam: permanecer na trincheira da guerra.

Daí, é recomendado ficar em estado de constante vigília, como que em sentinela, para acompanhar a evolução dos seus projetos pessoais e profissionais. Sem o devido acompanhamento, o tempo passará sem darmos cabo deles. Se você começou algo termine! Não deixe as coisas pelo meio do caminho. Não vacile quando executar sua tarefa. Você já imaginou um motorista de carro, em um trevo de uma rodovia de grande movimento, que não sabe a direção a tomar? Ele terá, obrigatoriamente, que escolher um caminho, ainda que esteja errado, ou causará sérios acidentes.

É comum pessoas chegarem a velhice, acima dos 70 anos, e se virem diante de uma triste constatação: "não realizei tudo o que desejava; muita coisa poderia ter feito; se pudesse faria tudo de outra maneira".

Quando adolescente você decide uma série de coisas, principalmente sobre a sua carreira, você às vezes o fez ou faz com poucos elementos disponíveis. Mas é verdade que faz estas escolhas, com base na sua habilidade pessoal, e na atração que elas exercem sobre você.

Há, portanto, uma afinidade explícita ou implícita nas escolhas que você faz.

De uma forma ou de outra, você tem que referendar suas escolhas e aderi-las com toda a sua força, de maneira a torná-las as suas melhores parceiras nesta vida, e através delas, você venha contribuir de forma efetiva para a sua realização pessoal e para a melhoria da qualidade de vida da sua comunidade.

Descubra o máximo que você puder sobre você e sua atividade; esta descoberta não é permanente, deve ser sempre monitorada e atualizada.

Tudo o que você vier a realizar, seja com alegria e prazer. Fazendo assim você estará dando um comando ao seu cérebro de satisfação; ele informará isto a todas as demais partes do corpo, e elas usufruirão o melhor daquilo que você faz e descartarão toda experiência inútil.

O cérebro como um todo, movimenta-se em direção ao que é agradável e, portanto, ao que produz endorfina, porque gera prazer e satisfação, e em direção oposta ao que produz adrenalina, porque gera perigo, ameaça e dor.

Saiba, porém, que algumas coisas ou situações de desconforto, como por exemplo, abstenções voluntárias de alimentos, de determinadas práticas, contribuem para a formação do caráter, da personalidade, para o domínio próprio e a sensatez, aptidões marcantes daqueles que chegam ao topo de suas carreiras.

O atleta que treina diariamente na sua modalidade de esporte, luta contra o desejo às vezes de descansar fora do horário previsto, de alimentar sem controle - dieta menos saudável e mais prazerosa; eles renunciam a alguns prazeres e algumas festas, pois assim procedendo, esperam alcançar uma recompensa maior, no grande dia da prova: receber a medalha dos campeões e o reconhecimento público.

Se você não tiver disciplina, para controlar o direcionamento do cérebro para as atividades essenciais ao seu propósito, você desejará caminhar para o sul, mas será levado por ele, para o norte.

Todas as suas ações, terão efeitos na sua vida, imediatamente ou não. Elas gerarão reações proporcionais, interna e externamente, tal como na Lei da Física de Isaac Newton, conhecida como princípio da ação e reação.

Não trabalhe apenas buscando resolver os problemas, mas atacando as suas causas. Você já ouviu a afirmação: “Uma febre é sinal de infecção?” Trate a infecção que a febre cessará!

5 Preparar durante todo o processo

"Se queres a paz prepara-te para a guerra".
Friedrich Nietzsche

Tudo quanto você deseja, para se realizar, exige-se preparo. Certa vez um jovem estudante me abordou, dizendo que tinha um grande sonho, o de ser médico. Eu lhe perguntei: E então, o que você tem feito para realiza-lo? Ao que me respondeu: - *"não tenho condições financeiras para conseguir"*. O que era preciso para aquele jovem alcançar seu objetivo, em termos práticos, era trabalhar e estudar. Psicologicamente, precisava querer muito, dedicar-se a ponto de romper as circunstâncias que lhe eram desfavoráveis. Algum tempo mais tarde o encontrei, e, se tornara um motorista de ônibus, um excelente motorista. Nada contra motoristas de ônibus, mas o sonho dele era outro. Que pena!

Para alcançar e manter-se nos objetivos, você tem que se preparar antes, durante e até depois, em tudo que se fizer necessário.

A preparação fará com que você desenvolva o seu potencial e o aproveite plenamente. Preparação exige tempo e disciplina. Observe o tempo em que um médico se prepara para exercer o seu ministério! O jogador de futebol antes da temporada, quanto tempo e a quanta disciplina está submetido! Como se dedica o atleta olímpico! Você observou que o atleta de corrida, durante um ano inteiro treina, se preparando para a maratona de São Silvestre, no final do ano, que acontece em São Paulo?

Não negligencie que a preparação é um pré-requisito importante para alcançar e reter o sucesso.

Diz o livro bíblico de Provérbio 27.17: *"Como o ferro com o ferro se afia, assim, o homem a seu amigo."* A boa ferramenta precisa colaborar com o seu usuário no trabalho para o qual ela é destinada.

Uma boa faca, por exemplo, precisa ser boa de corte, o aparador de unhas, o alicate, o machado também precisam estar em boas condições de uso para serem bem utilizados; eles só são afiados com um bom material, que lhes afiam até o ponto desejado.

Se você deseja estar afiado naquilo que melhor sabe fazer, naquilo que escolher para fazer, e com isto ter sucesso, precisa deixar ser preparado com os afiadores da vida: amigos, professores, críticos, leitura, meditação, prática, ensaio e erro, humildade.

Esteja preparado e não faltará o ponto de encaixe para o qual você será o fator decisivo. Seja cauteloso e mantenha-se perseverante, no momento oportuno você será uma peça chave, necessária no grande quebra-cabeça da vida.

Quando você se prepara adequadamente, você tem melhores condições competitivas que os concorrentes.

Saiba o seguinte segredo complementar: a disciplina recomenda que, você deve fazer o que tem que ser feito, ainda que não tenha vontade. A disciplina molda o seu espírito e te faz cumpridor das suas obrigações com responsabilidade. Não há como obter sucesso ou nele permanecer se você não fizer da responsabilidade sua opção.

Outras medidas importantes que você deve adotar no seu dia-a-dia são posicionamentos de:

Maturidade: Deixe a meninice de lado, a raivinha, a pirraça e a teimosia estúpida, isto o desqualifica para os altos postos de trabalho.

Equilíbrio: Não mude o seu humor como o vento muda de sentido, seja estável, tenha sensatez e seja imparcial.

Negociador: Seus argumentos precisam ser consistentes, ter fundamentação sólida, isto gera confiança e demonstra conhecimento. Não tente ganhar as coisas "no grito". O famoso bispo africano Desmond Tutu, deixou-nos uma frase célebre: *"Meu pai sempre me dizia, não mude o tom de voz, melhore os seus argumentos"*.

Flexibilidade: Você não detém a verdade e o conhecimento universais. Se errar peça desculpas. Se não souber diga que aprenderá. Se ouvir uma boa sugestão aceite-a. O ex-Presidente da República do Brasil Juscelino Kubistchek, grande estadista brasileiro, fez uma afirmação sobre o cometimento de erro e a sua postura: *"Costumo voltar atrás, sim. Não tenho compromisso com o erro"*.

Honestidade: Seja sincero e honesto consigo mesmo e com os outros; as pessoas gostam de se relacionarem com as pessoas francas e honestas. O termo sincero vem desde o tempo de Michelangelo, quando os escultores escondiam defeitos dos seus trabalhos usando cera quente e pó de pedra para tapar as fendas. Era uma trapaça, logo escultura *"sine* *cera"* – sem cera, era obra "sincera". Daí até hoje a expressão sinceridade significar verdade.

Empatia: Relacione de forma interativa e com compaixão. Você se nivelará cultural e emocionalmente com as pessoas e ganhará o prestígio delas.

Preparação, disciplina e postura adequadas, próximo passo, agir. Agir é ter iniciativa, sem iniciativa as coisas continuam como estão, ou vão de mal a pior. John C. Maxwell afirma categoricamente: *"Desejo não é suficiente. Boas intenções não são suficientes. Talento não é suficiente. Sucesso requer iniciativa"*. Maxwell cita Michael E. Angier fundador da SuccessNet, que afirma: *"Ideias não servem para nada. Intenções não têm força. Planos não são nada... a menos que sejam seguidos por ações. Faça isso agora!"*

Tem um provérbio chinês que diz: *"Não basta dirigir-se ao rio com a intenção de pescar peixes; é preciso levar também a rede"*. Mesmo que no rio haja peixes, mesmo que você queira muito pescar, mesmo que você saia para pescá-los, você vai precisar se preparar com os instrumentos adequados para de fato, trazer na sua rede estes peixes. As oportunidades existem, você tem o desejo, você sonha, você vive intensamente, você conhece o caminho, mas a preparação lhe dará as condições para fazer o que é certo.

No período de preparação você vai precisar de muita inspiração para se alinhar com o trabalho a ser executado. Fique, portanto, ciente que não basta só inspiração, você precisará também de transpiração.

Seja qual for a sua área de atuação, transpiração é a base, que te sustentará na caminhada.

Você conhece um bom artilheiro de futebol? Ele é disciplinado e preparado; ele sabe se posicionar estrategicamente na área do gol, então quando recebe a bola dá o seu melhor e faz uma bela marcação.

Se você está preparado tenha autoconfiança, porque no momento decisivo, você irá precisar de uma boa dose dela. O filósofo Ralph Waldo Emerson disse: "*Autoconfiança é o primeiro segredo para se atingir o sucesso.*" Você não poderá vacilar, não poderá tremer na hora da luta, não poderá se mostrar fraco. Veja também o que diz o livro bíblico de Provérbios 24.10: *"Se te mostras fraco no dia da angústia, a tua força é pequena".* O pai da administração atual Peter Drucker consoante este entendimento afirma: *"Quando você vê um negócio bem-sucedido é porque alguém, algum dia, tomou uma decisão corajosa".*

Um estimulante no momento certo

Um treinador de futebol é um personagem importante numa equipe de futebol. Ele trabalha as potencialidades de cada jogador, explora as suas melhores virtudes em campo e só assim, após horas de treino o escala para o jogo.

Antes, porém, a sua importância reside na forma como dirige a equipe, no contato que possui com cada jogador. O treinador precisa ser uma pessoa empolgante, que tenha carisma, empatia e que busca extrair do seu treinado o melhor.

O treinador promove a autoestima do jogador, desenvolve a sua autoconfiança, capacita-o, e, depois, deixa a responsabilidade pelo desempenho, para ele, na partida de futebol, trazendo a sua lembrança tudo aquilo que nos treinos ele aprendeu e desenvolveu. O treinador deve transmitir a seus treinados tranquilidade e confiança.

O treinador funciona como um estimulante para o jogador. Ele deve incentivar o espírito de cooperativismo entre os membros da equipe. Não haverá vitória se a equipe não estiver em sintonia. É importante destacar e valorizar o papel de cada componente do grupo.

A torcida é outro componente tão importante quanto o treinador para o jogador, numa partida de futebol, em termos de incentivos externos.

Quando a equipe tem o mando do jogo, e a sua torcida comparece ao campo enchendo as arquibancadas, ela leva o time para a porta do gol do adversário.

O treinador e a torcida são instrumentos que incendeiam o desejo de vencer dos jogadores.

Aquele afago, a confiança e o desejo fazem com que a energia do jogador seja renovada.

O incentivo através das palavras, do olhar e dos gestos, estimulam o jogador no alcance do seu objetivo: vencer a partida de futebol.

Analise outro desportista, um lutador de boxe, por exemplo, nos instantes finais, o sentimento de obrigação e o desejo forte de vencer são o que o mantém firme contra a dor e o cansaço. Ele não se permite entregar "os pontos" até a última "rodada".

Se você tiver um treinador, ótimo! Se não tiver seja seu próprio treinador; se não tiver uma torcida, seja seu próprio torcedor e com muita garra. Não desanime! Sun Tzu fala de forma análoga o seguinte: *"Lembre-se: você é seu próprio general. Então, tome agora a iniciativa, planeje e marche decidido para a vitória".*

W. de Gregori e Evilásio Volpato, chamam o universo de ecossistema, cujo movimento é impulsionado por uma energia: *"o Ecossistema em todas as suas partes, é movido pelo mesmo princípio, por uma mesma força ou essência geral: energia triádica – com três partes e três forças que se condensam, se complexificam e se decompõem retornando ao estado inicial".*

A energia que movimenta o mundo é gerada pelos sentimentos e desejos que cada um possui e desenvolve, se estes forem bons, a energia será boa e a produtividade também; se forem maus a energia será negativa e a produção negativa ou nula, se a produção negativa não for reprimida será um desastre para a sociedade.

Porque você acha que as guerras existem? As guerras existem inicialmente, pelo desejo de vingança, de poder político e econômico. Elas são alimentadas pela raiva, intolerância e o ódio. Tais sentimentos são resultados direto do egoísmo.

Porque você acha que as casas de recuperação de viciados existem? Elas existem por causa da compaixão e do sentimento de culpa.

Você vê os palácios exuberantes? Eles existem por causa da vaidade dos governantes.

Os portadores desta energia, quando apaixonados, imbuídos da persistência e que acreditam nas suas potencialidades, levam adiante seus sonhos, até vê-los materializados.

Desperte e nutra o desejo ardente de vencer. Cultive os melhores sentimentos. Resista! Resista! Outra vez resista, e terás o sucesso equivalente ao seu esforço. Para Robert Collier *"o sucesso é a soma de pequenos esforços – repetidos dia sim, e no outro dia também"*.

6 O tempo de latência

"Com organização e tempo, acha-se o segredo de fazer tudo e bem feito."
Pitágoras

Para Paul Yonggi Cho do início de uma ideia, quando ela nasce apenas na mente, até se tornar realidade ela encontra-se no período de incubação.

Você deve saber que para todas as coisas, há um tempo específico em que elas ficam latentes. Cada coisa, conforme a sua natureza e sua especificidade, aguarda o seu tempo para se concretizar; uma mulher grávida, por exemplo, após nove meses terá um bebê, o que não implica dizer que se nove mulheres estiverem grávidas haverá um bebê a cada mês.

Fica claro que o período de latência varia de projeto para projeto, de pessoa para pessoa. Este intervalo, diz muito mais respeito a cada pessoa do que propriamente ao projeto. É no que a pessoa acredita e como vive que estará fundada a robustez e a celeridade ou não, dos seus projetos.

O tempo é um condicionador importante na sua vida, ligado ao sucesso, ele deve ser gerenciado cuidadosamente, pois o tempo é um recurso que não se renova.

Há um período em que você vive como que dentro de um ovo – é o período das ideias e pensamentos, dos sonhos e da visão. Mas, chega o momento de sair do ovo ou então você morre. Morre porque os pensamentos são sufocados pela inatividade, aguardando apenas a data do sepultamento.

A implantação de cada fase do processo

Iniciar alguma coisa é difícil, recomeçar é mais difícil ainda. Entretanto, a partir do instante em que você está consciente do seu projeto, você tem que partir para a sua execução, sem muita hesitação, passo a passo e fase a fase.

Mantenha-se uma pessoa paciente, perseverante e disciplinada. Este trinômio lhe dará suporte em cada passo ou fase da vida em que estiver, e o levará até a sua plena conclusão.

A efetivação de qualquer projeto carece de uma administração equilibrada das regras e do fluxo dos processos que o envolve.

Pense nisto: você é o gerente de suas atividades e de sua vida!

Como irá fazer melhor e mais rápido aquilo que você tem que fazer, e dentro do que foi planejado?

Para que você desenvolva e aperfeiçoe o seu potencial, você não pode viver a procura de culpados para possíveis desacertos. Você precisa tapar os buracos existentes em vez de abri-los, cicatrizar em vez de ferir. Há um ditado que diz que: *"Os tolos buscam erros; os sábios soluções"*.

Eu tenho um amigo que se candidatou a prefeito pela primeira vez em sua cidade em 1988; apurados os votos, o resultado da urna lhe imputou uma grande derrota. Desanimados, seus correligionários foram até ele e perguntaram: *"E agora, o que faremos?"* Ao que ele respondeu serenamente: *"diga aos amigos que sou o candidato na próxima eleição!"*

Em 1992 candidatou-se novamente, a grande expectativa era de vitória, uma campanha esplêndida; os resultados das urnas saíram: mais uma derrota. Outra vez, os correligionários, abatidos foram até ele, para se solidarizar e também se consolarem, pelo que ele sem mágoas declarou: *"se vocês me aceitarem, concordarei em ser o candidato novamente na próxima eleição".*

Em 1996 ele saiu para a disputa eleitoral com paixão, com forte desejo e mais experiência. Ele tinha ardente no seu coração, o desejo de chefiar o município, ele vivia e respirava a política. Apurados os votos, foi consagrado vitorioso naquela eleição. Ele não acumulou fracassos, e sim experiências, soube tirar proveito de seus erros e os superou.

Este foi o resultado da sua persistência em busca da realização do seu grande sonho. Ele não se embaraçou com suas derrotas, elas foram motivos para lhe ajudar a melhorar sua performance.

Controlando sua vida

"Eu aprendi...
...que ignorar os fatos não os altera;

Eu aprendi...

...que quando você planeja se nivelar com alguém, apenas esta permitindo que essa pessoa continue a magoar você;

Eu aprendi...
...que o AMOR, e não o TEMPO, é que cura todas as feridas;

Eu aprendi...
...que ninguém é perfeito até que você se apaixone por essa pessoa;

Eu aprendi...
...que a vida é dura, mas eu sou mais ainda;

Eu aprendi...
...que as oportunidades nunca são perdidas; alguém vai aproveitar as que você perdeu.

Eu aprendi...
...que quando o ancoradouro se torna amargo a felicidade vai aportar em outro lugar;

Eu aprendi...
...que não posso escolher como me sinto, mas posso escolher o que fazer a respeito;

Eu aprendi...
...que todos querem viver no topo da montanha, mas toda felicidade e crescimento ocorre quando você está escalando-a;

Eu aprendi...
...que quanto menos tempo tenho, mais coisas consigo fazer.
William Shakespeare

O palestrante e escritor Nick Vujicic escreveu que você: *"Não pode controlar o que acontece, mas pode dominar sua reação ao que acontece"*. E, neste contexto, eu te faço as seguintes perguntas: Quem está no controle de sua vida? Você tem liberdade para tomar as decisões? Você está consciente de que tem feito o melhor para sua comunidade e para você mesmo?

Controlar sua vida é tomar as decisões certas, mesmo diante das oposições que lhe sobrevierem. Você pode ser gentil quando forem grosseiros com você. Você pode sorrir quando lhe ofenderem. Você pode calar quando todos falam de você.

Se você tem autodomínio, você não perde o objetivo e aguarda o momento certo para tomar as decisões. Fazendo bem a sua parte, você sabe que seu sonho está latente. Ele irá brotar a qualquer momento. Ele está incubado, já é existente, e não demorará a se realizar. Você chegará ao topo de sua carreira porque você está conservando os melhores princípios.

Continue a tratar suas emoções com equilíbrio e sensatez. As emoções, quando fora de controle, na maioria das vezes sobrepõem o bom senso, levando-o a decidir de forma equivocada. Você se lembra de alguma decisão que tomou quando estava nervoso? Quando estava no calor de uma grande emoção? Posso lhe assegurar que de "cabeça fria" você se arrependeu!

Quando as pessoas estão inflamadas pela emoção, elas ficam surdas a voz da razão. Tornam-se cegas aos interesses alheios e, insensíveis às consequências de suas ações. Treine-se a ter domínio próprio, e então agirá com equilíbrio, sobriedade e sem revanchismo. Tenha controle sobre as suas emoções, não se deixe por elas dominar e terá maior probabilidade de acertos.

7 Você é a peça chave do seu sucesso

"Há grandes homens que fazem os outros se apequenarem. Mas um homem realmente grande faz com que todos também se sintam grandes."
Provérbio Chinês

A experiência mostra que as pessoas são o que pensam ser. Quando um marginal resolve mudar de vida e comportar-se de forma irrepreensível, ele luta contra os seus velhos hábitos, resiste e supera o desejo de voltar a criminalidade. Esta atitude corajosa e de resistência pode ter auxilio de outras pessoas, mas não teria a menor chance, se não fosse a deliberada disposição do principal interessado. Quando você tem um plano, você é a parte mais importante dele. Depois que você sabe o que quer, já tem meio caminho para conseguir.

Todo o cenário, passado, presente e futuro, você precisa tê-lo à luz da sua consciência. Coloque-se na posição adequada, trabalhe sério e espere os resultados positivos.

Em segundo plano, porém, não menos importante, encontram-se as pessoas com as quais, de alguma forma, você relaciona direta ou indiretamente, elas serão coadjuvantes no cenário de sua vida no qual você é o ator principal.

Aja sempre de maneira responsável, não coloque sobre os outros a responsabilidade que é sua. Cuide bem de você – sua saúde, sua aparência e seu espírito. O seu maior patrimônio é você e toda sua potencialidade. Tenha tempo para você, sua família e para os relacionamentos pessoais – não seja uma máquina!

Noutro aspecto, você ao relacionar com outras pessoas, terá que aprender e dominar a técnica da convivência social. Não tenha receio de ensiná-las. Quando você tem em mente o que está buscando, como forma de sua ascensão é natural que os seus colaboradores também cresçam.

Não se esqueça: você depende e dependerá de outras pessoas para alcançar o topo, seja qual for a sua carreira profissional. Você não conseguirá realizar algo sozinho. Isto não quer dizer que conseguirá através dos outros. Aprenda a conhecer as pessoas que estão a sua volta, aceite-as da maneira como elas são. Schopenhauer afirmou: *"Para vivermos entre os homens, temos de deixar cada um existir como é, aceitando-o na sua individualidade ofertada pela natureza, não importando qual seja".*

Trate as pessoas como gostaria que elas lhe tratassem, esta é uma regra conhecida como a "regra de ouro" das relações humanas. Esta atitude põe termo a hostilidades, eleva as relações a níveis bem mais saudáveis. Um relacionamento sério, respeitoso e franco tende a ser duradouro.

Não se pode negligenciar que a maioria das pessoas age instintivamente pelos seus próprios interesses, mas se você agir de forma a colaborar com o sucesso delas, fatalmente elas colaborarão para o seu sucesso também. No mundo há espaço para todas as pessoas. Firme, portanto, parcerias qualificadas e incentive outras pessoas.

Há uma lei da natureza conhecida como a lei da semeadura que é válida para este caso. Quando você planta, você colhe. Tudo o que você planta você colhe!

Dizem que Procrusto, um bandido, personagem da mitologia grega, que habitava na serra de Elêuses, em sua casa possuía uma cama que era uma verdadeira armadilha para seus hóspedes. Era uma cama de ferro, que tinha tamanho variável, para a qual convidava todos os viajantes a se deitarem. Se os hóspedes fossem demasiados altos, a cama se apresentava pequena, pelo que ele amputava o excesso de comprimento para ajustá-los à cama, e os que tinham pequena estatura eram esticados até atingirem o comprimento suficiente. Uma vítima, nunca se ajustava exatamente ao tamanho da cama porque Procrusto, secreta e maliciosamente, adaptava os tamanhos da cama a sua conveniência. Ele continuou seu reinado de terror até que foi capturado pelo herói ateniense Teseu, que, em sua última aventura, prendeu Procrusto em sua própria cama e cortou-lhe a cabeça e os pés, aplicando-lhe o mesmo suplício que infligia aos seus hóspedes.

Ao associar-se com as pessoas, procure aquelas que irão lhe agregar algum valor. Via de regra, você deve agregar valor a elas. Se você se associar a pessoas negativas, que só querem te levar para o fundo do poço, você levará a pior, além de se tornar verdadeiro para você o ditado popular que diz: *"diga-me com quem andas e direi quem tu és"*. Também é válida a afirmação de que os semelhantes se atraem, ou então, eu digo, os que são atraídos logo se assemelham. Se você quer um estilo de vida positivo, precisa voltar-se para ele. Não se trata de exclusão ou preconceito, mas de escolha, de opção de vida. Cada pessoa faz a sua escolha e as consequências dela decorrentes são inevitáveis.

A soma de pensamentos idênticos, a comunhão de objetivos abrem oportunidades para a concretização destes pensamentos e objetivos. Você já ouviu falar sobre a "psicologia das massas"? Você já participou de concentrações públicas de qualquer natureza? Então saberá o que estou falando.

Se você se ajunta a um grupo de religiosos você adere aos sentimentos que ali é exalado. Se você vai a um estádio de futebol, você grita e se agita, tal como a multidão que ali se encontra. Você já percebeu que em algumas manifestações, alguns grupos de depredadores, vão causando desordens, e algumas pessoas sem que estejam com aquele propósito, passam a adotar o mesmo comportamento? É porque há a aplicação da tática da "psicologia das massas", na qual os desordeiros utilizam para causar os tumultos. Eles envolvem outras pessoas, sem qualquer motivação aparente. As pessoas sem interesse na desordem, passam a ser, inconscientemente, utilizadas a serviço de alguns, que se encontram espalhados no meio da multidão, com este objetivo. O fenômeno conhecido como a "psicologia das massas", explica que os sentimentos dominantes em determinados grupos vão se irradiando para os demais participantes.

Este fenômeno se dá nas relações que você tem rotineira ou ocasionalmente. Se você não se cuidar, você passa a agir de acordo com o seu grupo de convívio, mesmo não sendo parte de sua personalidade. Acrescente-se que havendo incompatibilidade ou conflito de interesses não existe possibilidade de relacionamentos duradouros.

Vamos lembrar a fábula do lobo e do cordeiro, que melhor haverá de ilustrar o que eu acabo de dizer:

"Estavam o lobo e o cordeiro a beber água num riachinho, quando o lobo, assim falou ao cordeiro:
- Por que sujas a água que estou bebendo?
Retrucou o cordeiro:
_ Como posso eu sujar a água que o senhor está bebendo se sou eu que estou abaixo na correnteza? A água passa primeiro pelo senhor e só depois chega a mim...
O lobo não se alterou com as evidências.
- Sim de fato. Mas você sujou a minha água no ano passado.
Respondeu o cordeiro:
- Isso não pode ser, senhor lobo, pois tenho apenas seis meses. Não havia ainda nascido no ano passado.
O lobo arreganhou os dentes e gritou:
- Se não foi você foi seu pai.
E devorou o cordeiro..."

As relações devem estar alicerçadas na confiança, respeito e reciprocidade. Devem ser alimentadas pelo serviço, pelo amor e pela tática do ganha x ganha – todos os envolvidos no processo, na atividade, ganham. Se desta forma acontecer tende a ser duradouras.

Se você, mesmo adotando todas as precauções vier a fracassar, não desanime e siga sempre em frente. Saiba que se você mandar que alguém chute a pessoa responsável pelo seu insucesso, é muito provável que terá motivos para não se assentar por um bom tempo.

Mantendo uma reserva de energia

A luz solar é utilizada diretamente como fonte de energia, dada sua abundância. Entretanto, nos dias nublados, no inverno ou na escuridão, o seu aproveitamento é menor, por razões óbvias: há pouca ou nenhuma incidência dela.

Com o surgimento dos acumuladores de energia, tais como pilhas e baterias, suas utilizações trouxeram mais conforto quando outras fontes não estão disponíveis.

Você é um líder, e, para exercer sua liderança você precisa iluminar-se e ao seu ambiente. Você precisa de energia para isto, e para tanto, precisa armazenar uma parcela da que possui. Quando vier a faltar iluminação para você ou em sua volta, você poderá usar desta reserva e brilhar, e assim sobreviver diante da penumbra ou escuridão do sofrimento, das decepções, do pavor e outras intempéries que assolarem a sua vida.

O brilho de uma lâmpada é altamente valorizado quando se está em meio às trevas. Uma luz acesa durante um dia claro de nada utiliza, mas a noite ou durante uma tempestade quão maravilhoso é a sua utilidade.

Seja prudente; reserve parte de sua energia, você irá precisar dela em algum momento de sua vida, e na hora certa ela lhe será muito útil.

Adote um sistema de recompensa

Qualquer organização que queira se estabelecer deve adotar um sistema de recompensa que seja estimulador e atraente para os seus colaboradores.

Todas as pessoas gostam de serem reconhecidas pelo que há de melhor nelas; a recompensa torna gratificante e promove o aprimoramento das pessoas. Não se trata aqui apenas de recompensa financeira. Cada pessoa tem mais desenvolvido uma das três partes do cérebro, que descreverei mais adiante, e de acordo com este desenvolvimento valoriza umas coisas mais do que outras. Existem aquelas que gostam do reconhecimento público, o elogio, para estas é apropriado; pouco lhes importa a recompensa financeira. Para aquelas que gostam de recompensa financeira, pouco importa o elogio.

O sistema de recompensas nada mais é que a expressão de gratidão, tanto das organizações quanto das pessoas de sucesso. Seja grato em todos os sentidos e com todos: aos familiares, aos amigos, a sua cidade, a vida, aos parceiros de trabalho, aos seus líderes ou liderados de qualquer que seja a organização que você participe.

Agradeça por tudo o que você é e possui. O sentimento de gratidão vivido e demonstrado dá mais significado a vida. Dizem que certa vez, um sobrevivente de um bombardeio aéreo ficou famoso, e devido a sua experiência de vida foi muito requisitado para dar palestras motivacionais. Numa determinada palestra, em que ele exaltava o acontecido e sua perspicácia em sair da aeronave, acionando o paraquedas, ele abriu a oportunidade para perguntas, ocasião em que um participante lhe perguntou: *"Quem foi que colocou o paraquedas na sua aeronave?"* O silêncio ecoou no auditório... ele não tinha a resposta.

Agora responda, quem colocou o paraquedas para você fazer o que está fazendo? Pense nisto: Alguém irá colocar o paraquedas para você saltar quando o seu avião estiver prestes a cair no campo de batalha...

Conhecer cada pessoa inclusive você, como detalharei um pouco mais adiante, levará você a recompensar seus colaboradores, seus companheiros, seus amigos, seus parentes e a você mesmo na medida certa das expectativas e anseios.

Você precisa acompanhar a entrega e a receptividade da recompensa. Ela não pode ser uma rotina, mas uma surpresa, de forma a estimular o recompensado, a continuar o trabalho e melhorá-lo, para outra vez ser recompensado de forma inusitada.

Quando você adota um sistema de recompensa para você mesmo, você deve controlar a ansiedade e seu ego de forma racional, para perseguir sua meta, sem prejudicar o seu relacionamento com os demais agentes de seu convívio e não se supervalorizar.

Contribua para o enriquecimento das pessoas. Não me refiro ao enriquecimento financeiro, exclusivamente, embora este esteja incluso, mas o de valores e o profissional.

O grande palestrante motivacional Nick Vujicic, deficiente físico de nascença, dá uma lição muito importante para que você tenha o controle de sua vida; ou você estaciona num acontecimento ou segue em frente perseguindo o seu alvo, veja:

> "Tenho a chance de escolher. Você tem a chance de escolher. Podemos optar por ser indivíduos que dão importância apenas às decepções e insistem em enfatizar as falhas e deficiências. Podemos decidir ser pessoas amargas, raivosas ou tristes. Ou, ao contrário, quando tivermos de encarar períodos difíceis e lidar com pessoas daninhas, podemos optar por aprender com a experiência e seguir em frente, assumindo responsabilidade por nossa própria felicidade".

Conheça um pouco mais sobre você

Você já tem descoberto muita coisa a seu respeito e agora precisa conhecer um pouco mais sobre você mesmo, já disse o filósofo grego: *"conheça-te a ti mesmo"*.

Você é na verdade o que está no seu íntimo, no seu consciente e inconsciente e toda a sua potencialidade; isto precisa ser de seu máximo conhecimento possível. Conhecendo-te você terá melhores condições para lidar, tanto com o que tem de melhor, quanto o que tem de pior. É um princípio universal que aquilo que em você não pode ser alterado, você deve aceitar. Você não pode ficar olhando para o espelho querendo ver outra pessoa. Para que você faça as coisas corretas, existe uma luta interior muito grande. Aprenda a conviver com suas fraquezas inalteradas, e, concentre-se mais e mais em suas forças.

Se você primeiramente se conhece, saberá seus limites e terá tranquilidade para lidar com as mais diversas situações. Você desenvolverá o autocontrole, tão necessário para sua permanência no campo de atuação.

Próximo passo: não saia para qualquer batalha que seja, sem conhecer o seu adversário, suas armas e a sua força. Necessário te será compará-la com as tuas, sob pena, de ser facilmente derrotado. Sun Tzu no livro a arte da guerra diz:

> "Conhece teu inimigo e conhece-te a ti mesmo; se tiveres cem combates a travar, cem vezes serás vitorioso. Se ignoras teu inimigo e conheces a ti mesmo, tuas chances de perder e de ganhar serão idênticas. Se ignoras ao mesmo tempo teu inimigo e a ti mesmo, só contarás teus combates por tuas derrotas".

Se você conhece os pontos fortes e fracos de um adversário, de um cliente ou do concorrente, bastará que você tenha uma boa estratégia para conquistá-lo.

Se você age intempestiva e inconsequentemente, isto não transmite segurança aos seus pares, aos seus superiores ou aos seus comandados. As suas relações vão se deteriorando com tempo. Pense nisto: as pessoas gostam de relacionar com pessoas equilibradas, que desenvolveram o autocontrole. Estas pessoas são boas conselheiras e sábias em suas decisões.

Mostra-me uma pessoa bem relacionada e eu te direi uma pessoa que tem um excelente nível de autocontrole.

Nos relacionamentos a autoestima dá o equilíbrio. Ter uma boa autoestima, não implica que você seja um narcisista. O narcisismo é uma expressão usada para designar uma paixão, um amor descontrolado da pessoa por si mesma. Esta definição provém da mitologia grega, na qual o jovem Narciso, por recusar o amor de Ninfa, foi amaldiçoado a apaixonar-se incontrolavelmente a sua imagem refletida na água. Não levando a cabo a paixão, veio a suicidar. Trabalhe e melhore a sua imagem e sua postura, demonstrando com isto claramente que é uma pessoa que se ama, que tem bom gosto e é feliz, certamente lhe renderá bons resultados e bons relacionamentos.

Conviva com uma pessoa de baixa autoestima, e depois me diga se consegue ficar de bom humor!

Você tem um valor especial, você é um ser único! Você tem muita coisa boa para compartilhar, busque em você e encontrará! Tenha esta percepção a seu respeito, não de forma orgulhosa. Não fique a espera da atribuição deste valor especial por parte de outras pessoas; se você não se der o devido valor em primeiro lugar, como espera que outros o reconheça em você? Não diga aos outros seu valor, prove-o!

Conheça um pouco mais sobre o seu cérebro

Por mais que a Neuroquímica, a Eletrofisiologia, a Neurociência, a Psicologia, a Psicanálise e a Filosofia tragam conceitos e informações acerca do cérebro e da mente humana, não estamos próximos de desvendar completamente o seu funcionamento.

Temos até o presente muito conhecimento que tem ajudado a compreender e nortear muitas ações.

Segundo W. de Gregori e Evilásio Volpato o cérebro é dividido em três partes, e cada parte tem maior aptidão para determinadas especialidades, veja:

"Cérebro esquerdo: informacional, verbal-numérico, analítico-lógico, alerta, crítico, visual, linear;
Cérebro Central: Factual, operacional, realizador, econômico-político, cinestésico-regulador;
Cérebro Direito: Informacional, pré-verbal, imagético, intuitivo-sintético, emocional, sensorial acústico, não linear".

Somando estas funções lógicas, obtém-se, segundo os mesmos autores:

"informação e orientação de sua sobrevivência e reprodução. É o "tricerebrar". A inteligência operacional consiste em orientar-se primariamente pela sobrevivência, olfatar sagazmente a mudança que começa a despontar, ter um sexto sentido para discernir o que nos faz ganhar e o que nos faz perder, ter poder decisório para reagir a tempo e ter firmeza na liderança para implementar mudanças e executar manobras necessárias".

Freud, numa maneira sintética, disse que duas são as forças motivacionais, a fome e o amor. Uma está no plano material e outra no espiritual. A sobrevivência é buscada basicamente, tomando-se a satisfação física e psicológica. Você então, ainda que institivamente, age preservando sua vida e se afastando de tudo o que lhe causa dor e sofrimento.

Se você possui um lado cerebral mais desenvolvido, dos três acima mencionados, e este é identificado com a sua escolha profissional e seu estilo de vida, as chances de fracassos são menores.

Você, até intuitivamente consegue saber quais são os seus pontos fracos e fortes, porque já experimentou usá-los várias vezes, colecionando alguns êxitos e insucessos. Partindo destes resultados você tem o seu diagnóstico cerebral.

Tal conhecimento é muito importante porque na medida em que você o adquire, poderá usá-lo em seu favor.

Numa matéria publicada em 08/1/2014 para o Jornal "O Tempo", a repórter Bruna Carmona encontrou uma situação inusitada, que retrata a busca pela sobrevivência de um animal, e a sua criatividade para resolver um problema diante de sua necessidade, veja: *"Uma cadela vira-lata arranjou uma forma inusitada de fugir do calor: ela cavou e se escondeu em um buraco no quintal da casa onde vive, em Pouso Alegre, no Sul do Estado. A dona da cachorrinha, que tem 6 anos, conta que ela começou a abrir a toca pouco antes do Natal".*

Reflita o seguinte: suas escolhas devem estar alinhadas as suas melhores habilidades, pois suas melhores habilidades o tornarão em um sucesso com menor dispêndio de energia.

8 Dificuldades não são impossibilidades

"Nem tudo o que se enfrenta pode ser modificado, mas nada pode ser modificado até que seja enfrentado".
Albert Einstein

Dificuldades existentes, ou que surgem na vida, não são questões de escolhas. Elas são fatos reais; cabe a você enfrentá-las ou não. Um compositor de uma música sertaneja, que foi gravada por vários cantores, mostra alguns exemplos bem humorados da utilização da criatividade, na superação de algumas dificuldades, vou transcrever parte dela, para que você perceba o que o poeta sertanejo tem a dizer, ainda que você ou eu possamos não concordar 100% com o seu conteúdo, veja:

"Título: Nóis Não Vive Sem Muié - interpretação: Gilberto e Gilmar"

"I si o mundo revirá
Nóis agarra no barranco
I si o carro enguiçá
Nóis arranca ele no tranco
Si o dinheiro acabar
Nóis levanta mais no banco

Si a careca aumentar
Nóis arranja uma piruca
Si o meu time não ganhar
No juiz nóis põe a culpa
Si a vida amarga
Nóis adoça com açúcar

Si a canoa afunda
Nóis travessa o rio a nado
Si a enxada enferruja
Nóis capina de machado
Si o chuveiro não esquenta
Nóis toma banho gelado

Si o alicate não arranca
Nóis arranca com o dente
Si a inflação aumentar
Nóis derruba o presidente".

Como você reage diante dos problemas diários, sejam eles grandes ou pequenos? Você consegue vislumbrar soluções para eles, por mais inusitadas que possam ser? Consegue encarar os problemas ou desiste?

O sonho verdadeiro prevalece durante as crises

Você conhece a história de Nelson Mandela? Já pensou na vida que ele levou para sustentar sua visão? Para mim, nos dias atuais, foi um dos maiores líderes conhecidos de uma nação. Que legado ele nos deixou!

O resumo de sua história é o seguinte: Mandela foi um dos mais importantes sujeitos políticos, atuantes contra o processo de discriminação, instaurado pelo "apartheid", na África do Sul, e se tornou um ícone internacional na defesa das causas humanitárias. Nascido em 1918, na cidade de Transkei, Nelson Mandela era filho único do casal Henry

Mgadla Mandela e Noseki Fanny, que integrava uma antiga família de aristocratas da casa real de Thembu.

Com a ingerência da coroa britânica na África do Sul, sua família teve suas posses e os privilégios retirados; em seguida veio o falecimento inesperado de seu pai em 1927, agravando a situação de sobrevivência familiar. Diante desses fatos sua mãe se viu obrigada a deixar seu unigênito, Nelson Mandela, sob os cuidados de um parente da família, que tinha condições de zelar pela sua vida e a educação.

Na década de 50, ele liderou manifestações e movimentos contra o regime de segregação racial, que sacudiram a África do Sul, isto lhe custou sua prisão em 1956; solto e novamente preso em 1962, cumpriu prisão de 27 anos, sendo libertado em 1990. Em 1992 as leis segregacionistas foram abolidas, em 1993 foi eleito presidente da África do Sul, tendo por ocasião de seu governo, perdoado aos que violaram sua liberdade e seus direitos; em 1994 ganhou o prêmio Nobel da Paz. Mandela atuou em diversas causas humanitárias. Ele exerceu também um grande papel na luta contra a AIDS.

Você pode ser um dos milhares de exemplos, que tinha tudo para dar errado e, não deu, mas pode ainda não estar realizado, ou sabe que pode fazer muito mais do que tem feito. Você precisa voltar ou continuar a corrida, a sociedade precisa dos seus talentos.

Conheço pessoas falidas que hoje estão bem financeiramente, outras que tiveram problemas de saúde e superaram e, estão muito acima da média em nível de qualidade de vida.

Outro exemplo, que pode lhe ajudar a concluir, se dificuldades e ambientes completamente adversos podem barrar uma pessoa que tenha determinação. Você conhece a ex-senadora e ícone da defesa dos recursos naturais e desenvolvimento sustentável no Brasil, Marina Silva?

Olhe abaixo, um pouco sobre a sua biografia, extraído do seu site na internet:

"Maria Osmarina Marina Silva de Lima, nasceu em 1958 em uma pequena comunidade chamada Breu Velho, no Seringal Bagaço, no Acre. Seus pais, nordestinos, tiveram 11 filhos, dos quais três morreram. A mãe morreu quando tinha apenas 15 anos. A vida no seringal era difícil. "Eu acordava sempre às 4h da manhã, cortava uns gravetos, pegava uns pedaços de seringuins, acendia o fogo, fazia o café e uma salada de banana perriá com ovo. Esse era o nosso café da manhã", conta Marina.

Na adolescência sonhava em ser freira, continua ela. Minha avó dizia: "Minha filha, freira não pode ser analfabeta", lembra ela. O desejo de aprender a ler passou então a acompanhá-la. Aos 16 anos, contraiu hepatite, a primeira das três que foi acometida. Seu histórico de saúde ainda inclui cinco malárias e uma leishmaniose. Essas fragilidades a levaram a Rio Branco em busca de tratamento médico. Aproveitou a oportunidade para também se dedicar à vida religiosa e, ao mesmo tempo, estudar. Obteve a permissão do pai e deixou a floresta.

Na capital acriana, para se sustentar, passou a trabalhar como empregada doméstica. Revia as lições durante as madrugadas. O progresso nos estudos foi rápido. Entre o período de Mobral, no qual aprendeu a ler e a escrever, até a formação em História, transcorreram apenas dez anos. Sua formação foi complementada, posteriormente, com a pós-graduação em Psicopedagogia ."

Marina Silva foi eleita vereadora em 1988 no Rio Branco, e em 1990 a deputada estadual mais votada; em 1994 e em 2002 foi eleita senadora da Republica Brasileira pelo Estado do Acre." Desconsiderando sua ideologia política, porque não estou fazendo análise ou julgamento a este respeito, ela demonstra a possibilidade de romper as barreiras circunstanciais.

O ex-Presidente da República do Brasil Fernando Henrique Cardoso disse algo que está relacionado com a história de superação acima, preste atenção: *"Cada um tem que inventar sua resposta. Dar sentido a sua vida. A vida, em si, não tem sentido. Cada um tem que construir o seu sentido. E vai sofrer para encontrar".* É incontestável, que você deverá achar a saída e dar os passos em direção a ela, todas as vezes que precisar.

Você pode mudar a sua história ou permanecer naquela em que o curso da vida te levar. Para mudar sua história, você precisará de coragem e muito vigor. Eu te afirmo que, se desejar ardentemente algo novo, do seu interior brotarão forças suficientes, capazes de levar você a "dar a volta por cima" em situações difíceis, as quais você passa.

....

"Cada um tem que inventar sua resposta. Dar sentido a sua vida. A vida, em si, não tem sentido. Cada um tem que construir o seu sentido. E vai sofrer para encontrar."

....

Lembre-se, quem vai planejar e agir é você! Logo trate de assumir a sua posição em sua vida!

O que fez a diferença na vida dos personagens acima citados? Talvez só eles tenham condições de responder. Mas é certo, que eles não ficaram contemplando suas dificuldades, envergonhados, cultivando sentimentos de autocomiseração, aguardando que alguém lhes tocasse, com uma varinha mágica, e mudasse as suas histórias. Eles devem ter tido pensamento semelhante ao de Aníbal, na Guerra Púnica, que disse aos seus comandados: *"Encontremos uma maneira ou criaremos uma"*.

Os grandes empreendedores, de todas as áreas, não ficam de braços cruzados aguardando o sucesso porque se consideram dígnos dele, eles fazem acontecer as suas histórias. Voltando aos personagens anteriormente citados, eles provaram que, com objetivo definido, desejo forte, humildade, ousadia, determinação, trabalho, paciência e força de vontade, as dificuldades impossíveis só são impossíveis na aparência.

Para o escritor mineiro Carlos Drumond de Andrade, *"As dificuldades são o aço estrutural que entra na construção do caráter"*. Uma pessoa de caráter é uma pessoa que resiste às provações; é sabedora daquilo que quer, e onde pretende chegar. Ela possui muitas virtudes porque aprende a semear e a cultivar com entusiasmo.

Para Fernando Pessoa, vencer é uma ciência, e baseia-se no seguinte:

"A ciência de vencer é, contudo, facílima de expor; em aplicá-la, ou não, é que está o segredo do êxito ou a explicação da falta dele. Para vencer - material ou imaterialmente - três coisas definíveis são precisas: saber trabalhar, aproveitar oportunidades, e criar relações. Não é o trabalho, mas o saber trabalhar, que é o segredo do êxito no trabalho. Saber trabalhar quer dizer: não fazer um esforço inútil, persistir no esforço até o fim, e saber reconstruir uma orientação quando se verificou que ela era, ou se tornou, errada. Aproveitar oportunidades, quer dizer não só não as perder, mas também achá-las. Criar relações tem dois sentidos - um para a vida material, outro para a vida mental. Na vida material a expressão tem o seu sentido direto. Na vida mental significa criar cultura. A história não regista um grande triunfador material isolado, nem um grande triunfador mental inculto. Da simples "vontade" vivem só os pequenos comerciantes; da simples "inspiração" vivem só os pequenos poetas. A lei é uma para todos. ”

9 Fracassos não significam derrotas

"A persistência é o melhor caminho para o êxito."
Charles Chaplin

O fracasso é um episódio, pelo qual você passa em diversos momentos de sua vida; ele deve ser visto como algo passageiro, e utilizado como estágio, para o amadurecimento e o aperfeiçoamento do seu caráter. Fracasso não é sinônimo de derrota, para superá-lo você deve utilizar os antídotos: perseverança e esperança. A perseverança é a qualidade daqueles que são bem sucedidos. Eles não se contentam com o "quase consegui". Porque se eles parassem no "quase", nunca finalizariam algo. Eles levam a cabo a missão que se encarregam de fazer.

A esperança é o sentimento que mantém de pé os guerreiros. Ela é a luz no fim do túnel. Ela, quando aliada a fé, nutre as expectativas de se chegar ao alvo, e pacientemente permanece neste objetivo.

Uma história, bastante interessante, foi contada pelo escritor Ivonildo Teixeira, no seu livro "Extraindo Sucesso do fracasso", acompanhe:

> "Quando tentei ir, pela segunda vez, aos Estados Unidos, em 1998, passei uma situação bem desagradável.
>
> Existe aquele processo todo de chegar até o Consulado bem cedo, enfrentar uma fila enorme, ficar uns 40 minutos dentro

de uma sala e depois ser vistoriado da “cabeça aos pés” diante de todos. Particularmente acho algo constrangedor.

Como resido em Vila Velha/ES, viajei quase oito horas a fim de pegar o visto que me daria o direito de entrar nos Estados Unidos.

Contando com o horário que saí da minha casa até a minha chegada, precisei de quase 36 horas para receber o primeiro NÃO do Consulado.

Uma semana depois, tento novamente o meu tão esperado visto, pois precisaria ser um representante numa Convenção Internacional no Estado de Indiana.

Passo pelos mesmos trâmites: a viagem de Vitória ao Rio de Janeiro, chegando cedo, cara ainda amarrotada, fila enorme, sala de espera, confronto com um cônsul e mais uma vez um NÃO.

Como da primeira vez, o tempo de espera seria grande. Comecei, então, a esboçar um livro, ao qual dei continuidade na segunda viagem “perdida”.

Chegando em casa, aborrecido, conversei com minha esposa e depois fui ao templo orar. Disse para Deus que eu não aceitava aquela situação, pois não estava mentindo, não estava forçando uma situação, e, afinal eu não estava querendo passear, apenas cumprir minhas obrigações denominacionais.

Naquela mesma manhã em que eu havia chegado do Rio de Janeiro com o segundo NÃO do Consulado americano, o telefone tocou na nossa casa. Talvez, você nem acredite. Um representante do Consulado ligou para mim pedindo o meu comparecimento, pois queriam falar comigo no Rio de Janeiro.

Um mês depois, voltei ao Consulado passando pela mesma situação: viagem, fila, espera, e mais um confronto com a consulesa que havia me dito um NÃO.

Ao chegar diante dela, depois de alguns questionamentos, já pela terceira vez, enfim, consegui um SIM, o tão esperado visto e juntamente com ele escrevi o meu terceiro livro intitulado *Vivendo na Dimensão das Águias*, durante três viagens, as filas, a sala de espera e os confrontos com os cônsules.

Ao invés de ficar alheio, jogando conversa fora naqueles espaços e apenas murmurando pelas viagens “perdidas” e pelos terríveis NÃOS, aproveitei o aparente fracasso, para ser um trampolim na minha vida, escrevendo um livro que já é um sucesso".

....

"Perguntaram-me o porquê, de mesmo quando tudo parece dar errado, eu continuar a sorrir e não desistir da vida. Respondi que simplesmente me recuso a ser infeliz". Carolina Benino

....

O grande lutador brasileiro de MMA, Anderson Silva, sofreu uma grave lesão no final de 2013, enquanto lutava com Chris Weidman, no UFC 168, na qual teve sua perna quebrada; isto, no entanto, não foi motivo para que ele desanimasse. Numa entrevista, em 12.01.14, em um canal de TV, ele disse: *"Eu fico feliz de ver, com humildade, onde foi que eu errei, de maneira que pretendo voltar e superar".* Tenho, para mim, que ele aprendeu com seus erros, e não se dispôs a entregar "os pontos" antes da hora.

Para mim, persistência é a insistência com esperança. Só quem tem esperança persiste. Os vencedores são resistentes às investidas contra os seus planos. Eles são estrategistas em matéria de não desistirem dos seus sonhos. Para Thomas Edison, *"Nossa maior fraqueza está em desistir. A maneira mais segura de ter sucesso é sempre tentar mais uma vez".* Surja o que surgir, haja o que houver, para vencer, você deve permanecer focado. É a esperança que mantêm os vencedores centralizados.

O Imperador Romano Marco Aurélio, vencedor de várias batalhas, sabia que não dava para ser muito sensível, quando se tratava de fracasso, ele disse: *"Nada de desgosto, nem de desânimo; se acabares de fracassar, recomeça".* O ex-Presidente da República do Brasil, Luiz Inácio Lula, deve ter tido este tipo de pensamento, porque em cada uma de suas três derrotas na disputa presidencial, ele já saia disputando a próxima eleição.

O fracasso é uma momentânea "derrota". Uma derrota definitiva, literalmente sepulta toda a esperança. Veja um trecho da fala de Nick Vujicic, cuja vida experimentou diversos fracassos, entretanto de cada um, pode sair mais forte:

> "Quem nunca se levanta depois de uma queda, vê a derrota como algo definitivo e irreversível. O que precisamos ter em mente é o fato de que a vida não é uma prova do tipo em que ou você passa ou é reprovado, mas, sim, um processo de tentativa e erro. Quem é bem-sucedido consegue dar a volta por cima, depois de ter cometido erros estúpidos, porque vê os próprios fracassos como experiências temporárias e de aprendizado. Todas as pessoas bem-sucedidas que conheço já fizeram besteiras e enfiaram os pés pelas mãos em algum momento. Muitas vezes, elas dizem que seus erros foram fundamentais para seu sucesso. Quando erraram, elas não desistiram. Ao contrário, reconheceram seus problemas, trabalharam com afinco redobrado e buscaram soluções mais criativas. Quando fracassavam cinco vezes, tentavam de novo, com cinco vezes mais vontade. É por intermédio dos fracassos que você terá a chance de sair mais forte, mais concentrado, mais criativo e determinado".

Compreendendo assim os fracassos, eu digo, adversidades, delas você vai tirar valiosas lições que te levarão a ampliar os esforços para direção em que os ventos lhe serão mais favoráveis. Napoleon Hill, um dos precursores da atualidade deste entendimento, afirma que: *"As minhas próprias experiências levaram-me a acreditar que a linguagem muda da derrota é a mais clara e mais eficiente linguagem do mundo, uma vez que começamos a compreendê-la. Sinto-me tentado a dizer que julgo ser essa uma linguagem universal, com a qual a natureza nos fala, quando não ouvimos outra voz".*

Nestes momentos, você terá a chance de exercer a humildade e a paciência, ingredientes importantes para o alcance e permanência no topo de seus sonhos. Winston Churchill captou a essência disso quando afirmou: *"O sucesso é a capacidade de ir de fracasso em fracasso sem perder o entusiasmo".*

O homem que, mesmo incompreendido, desprezado ou ridicularizado continua a lutar, não terá o fracasso a força para detê-lo, porque sabe que a situação é temporária, e usará este fracasso como degrau para chegar ao seu objetivo principal. Martin Luther King traduz este pensamento da seguinte forma: *"Eu também sou vítima de sonhos adiados, de esperanças dilaceradas, mas apesar disto, eu ainda tenho um sonho, porque a gente não pode desistir da vida".*

1 0 Superar os obstáculos

"Fiz a escalada da montanha da vida removendo pedras e plantando flores".
Cora Coralina

A vida não foi muito dócil para comigo, mas aprendi a criar resistência na mesma proporção que ela me resistia, é com esta sensação que, olhando para trás, posso dizer que superei muita coisa, a qual a vida não havia preparado conceder-me de bom grado. Eu a surpreendi!

Eu tenho que agradecer, e jamais reclamar pelos diversos obstáculos por que passei, por dois motivos, pelo menos. Primeiro, não sou o único a ser tratado de igual maneira. Segundo, talvez pela minha constituição física, psicológica e genética - eu me conheço um pouco, se a vida tivesse sido dócil, eu não teria desenvolvido a resistência – o antídoto, que me tornou capaz de superar muitas fraquezas e, aperfeiçoar alguns pontos fortes, e, ao final poder dizer que, não fui derrotado, o que nas condições normais de temperatura e pressão, poderia ter acontecido. Não sou um exemplo de excelência, mas também não o sou de pessimismo.

O reclame que acredito seja geral, é que a vida é única, não permite um "test drive", rascunhos ou ensaios. Todas as decisões geram consequências. Muitas delas, irreversíveis. Não é possível brincar de viver; uma falha compromete o desenvolvimento do futuro. Assim, o que resta é conscientizar-se deste fato, que é universal, que é uma regra válida para todos, e levar uma vida diligente.

Cada um tem o obstáculo que consegue superar. Quer queira quer não, diante deste episódio, você se depara com pensamentos de desânimo, incertezas, que levam você a refletir: será que estou no caminho certo? Vale a pena continuar? E ainda, muitas vezes a pensar: acho melhor desistir!

Estes momentos são cruciais na trajetória de vida de todos os seres humanos. Porque são nestes momentos que você pode morrer ou crescer. Se você para ou desiste, você morre; se continua, você vive e cresce.

O ex-vice-Presidente da República do Brasil José Alencar é outro exemplo de superação, digno de se descrever. É admirável a sua trajetória de vida empresarial e política.

José Alencar Gomes da Silva, natural de Muriaé, no interior de Minas Gerais, iniciou seu empreendimento aos 18 anos de idade com alguns "trocados" emprestados pelo seu irmão mais velho. Deste ponto em diante, mesmo enfrentando diversos reveses na sua vida, ele foi se consolidando até instalar uma fábrica de tecidos, que se tornaria uma grande fábrica de tecidos no Brasil.

José Alencar candidatou-se a presidente da Acminas, tendo sido derrotado; filiou-se em seguida na Federação das Indústrias do Estado de Minas Gerais – FIEMG, onde se tornou seu presidente. Foi candidato derrotado ao Governo de Minas Gerais em 1994. Em 1998 foi eleito Senador da República Federativa do Brasil por Minas Gerais. Em 2003 assumiu a Vice-Presidência da República, sendo por duas vezes eleito, deixando este cargo em 31.12.2010. Ocupou ainda o cargo de Ministro da Defesa.

Diante de uma enfermidade fulminante, contra a qual lutou por mais de nove anos, submeteu-se a quinze cirurgias médicas, ele se mostrou incansável e, dentro de suas forças e possibilidades, lutou e mostrou sua coragem para enfrentar tal severa doença, consolidando o seu perfil de integridade, retidão e serenidade. De todas as cirurgias pelas quais passava, delas saía com bom humor e cheio de esperanças. Numa destas cirurgias quando entrevistado, ele disse: *"Não posso me queixar. A situação está tão boa que não tem como melhorar, todo mundo está rezando por mim"*.

O grande velejador Lars Grael começou a velejar bem cedo, por diversão. Ao se mudar para Brasília, começou a frequentar as aulas de vela no Iate Clube da cidade e, posteriormente, a competir; conquistou grandes títulos a bordo do Catamarã Olímpico Tornado. Seu currículo de medalhas é extenso, ele ainda foi pentacampeão sul americano, foi 10 vezes campeão brasileiro e, campeão de tradicionais semanas de vela, além de representar o Brasil em jogos olímpicos. Ele era uma promessa de contínuo sucesso neste esporte. Entretanto, em 1998, enquanto participava de uma competição na praia de Camburi, em Vitória (ES), Lars e seu primo e proeiro, Anders Schmidt, estavam aguardando o início da prova quando uma lancha invadiu, em alta velocidade, a área da regata e o atingiu, em cheio. O acidente lhe causou a amputação da perna direita.

Após o acidente, foram anos de recuperação. Lars disse que nunca mais foi o mesmo e, que teve a chance de viver novamente. *"O compromisso com o esporte nacional é a superação que me anima a ultrapassar minha limitação e a esquecer a dor",* escreveu em seu livro "A Saga de um Campeão", em que relata sua própria história. Em fevereiro de 2009, após 11 anos longe do esporte, Lars Grael voltou a integrar a equipe permanente de vela olímpica.

Em 2010, ocupou a 4ª colocação do ranking internacional da classe "Star" da Federação Internacional de Vela. Ele também atua como palestrante, fala sobre superação e dar a volta por cima, sendo hoje um dos mais bem avaliados do Brasil. Lars é também fundador do Projeto Grael, hoje Instituto Rumo Náutico, que atende cerca de 12.000 jovens e crianças desde o ano 2000, e dá a elas acesso ao esporte. *"Abracei essa causa de corpo e alma*", completou.

A história de Grael é também uma referência, em termos de superação de obstáculo, surgido ao longo da vida. Ele não previa aquele desastre, tudo poderia ter se perdido, mas obteve forças em meio a tragédia; superou e continua a participar daquilo que lhe é prazeroso, o esporte.

Uma coisa é certa: você não tem condições de prever o que pode lhe acontecer no futuro; podem ser fatores naturais ou sobrenaturais acima da compreensão humana. Qualquer um ser humano que tenha nascido já faz parte do jogo da vida, no qual, nem todos os movimentos dependem de suas vontades; foi assim com Grael, ele tinha uma boa estrutura financeira, estava preparado, mas a trágica surpresa o atingiu; ele foi atingido em momento de pleno sucesso; outros, muitas vezes são atingidos em datas bem remotas de suas vidas. Nick Vujicic disse: *"O sofrimento é universal e inacreditavelmente cruel, mas, mesmo nas piores favelas e depois das mais horríveis tragédias, meu coração se alegrou quando vi pessoas que não apenas sobreviviam, mas também prosperavam".*

Muitos dos grandes obstáculos na vida de uma série de pessoas encontram-se numa deficiência física ou numa deficiência intelectual.

Se por um lado as pessoas podem ter estas deficiências de ordem congênita ou acidental, por outro lado, a própria sociedade cria pessoas com deficiências imaginativas e criativas, por causa de uma rigidez mental imposta. Estas deficiências são frutos da supervalorização dos primeiros colocados, dos campeões, dos "superstar's", em detrimento dos demais, cujo tratamento dispensado é a humilhação e o desprezo. No atual modelo de sociedade, só quem chega ao 1º lugar tem o reconhecimento. Mas, o que conforta a outra grande maioria da população é que ela não precisa se submeter a este capricho, e pode viver de forma integral sua potencialidade, livre deste preconceito.

Esta postura da sociedade é causadora da repressão à liberdade, do pensar novo, reformista, ilógico a princípio, e no tabu, causados pelo temor de ser ridicularizado.

Se você hoje se encontra numa hipertrofia imaginativa e criativa, seja qual for a razão, esta desafiado a:

- Crer e buscar alternativa para toda e qualquer situação problemática que venha a passar,

- Auto permitir a romper com esta prisão e fazer algo inovador, por mais simples que seja.

Trabalhe técnicas de criatividade. Liste algumas soluções criativas que você já usou, em casos inusitados, tal como, por exemplo, ter que sair do sanitário após usá-lo, quando não havia papel higiênico. Picasso usou uma expressão para esta pressão social, do sistema dominante: *"Gênios nascem a toda hora, o difícil é que sobrevivam à educação".*

Se você não é um gênio, porque foi soterrado pelo sistema, eu te afirmo que no mínimo você é um "semigênio". Faça bom uso de sua capacidade. Se você se der conta do que é capaz de fazer, surpreenderá a você mesmo!

Os obstáculos que você irá enfrentar terão duas origens:

1ª - Internas: São os relacionados com as suas forças internas, sejam físicas e mentais:

Físicas: A sua saúde, seja devido à genética ou resultado do meio ambiente, irá influenciar sua vida, suas opções e os procedimentos que deverão ser adotados e que os levarão ao sucesso.

Mentais: O seu condicionamento mental inconsciente, na forma arcaica ou adquirida, e, consciente, também definirão as estratégias apropriadas a serem utilizadas para alcançar o sucesso. Segundo Carl Jung, a humanidade herda um "Inconsciente coletivo" - este é responsável por comportamentos e tradições seculares. O inconsciente é composto ainda, em função do ambiente em que você nasceu e cresceu e, pelo que você desenvolve através da experiência e do seu próprio esforço.

2ª - Externas: Estes obstáculos dizem respeito às pessoas e a natureza, que estão no seu raio de influência:

As pessoas: Você encontrará todos os tipos de pessoas: amigas e não amigas, basicamente. Terá de conviver e aprender a se relacionar com elas.

A natureza: A natureza no primeiro momento refere-se ao contexto geográfico, histórico, etnológico e social em que você se encontra. Outro momento, são os fenômenos que ocorrem na natureza, como desastres e infortúnios alheios a sua vontade.

Tudo o que você precisa fazer é preparar e treinar para enfrentá-los, com muita tranquilidade e perseverança. Ninguém está habilitado a te dar o rótulo de fracassado, exceto você mesmo.

Qualquer área profissional que você escolher, você poderá se tornar realizado, brilhar e alcançar a excelência. Não se trata de auge financeiro, mas de qualidade e de grandes atividades. Saiba que não existe profissão mais digna que outra. Tudo que você precisa é ultrapassar os obstáculos. Tão somente esforça-te todos os dias, fazendo a coisa certa, vivendo com dignidade, respeito e comprometimento aos seus ideais e objetivos.

Tratando da deficiência física

"A disciplina supre as deficiências da natureza e é mais forte que suas leis".
Maquiavel

Um exemplo de superação diante da deficiência física é o escritor argentino Jorge Luis Borges, um dos mais conhecidos na Argentina; ele ditou cada palavra de sua obra. Dizem que soletrou cada palavra de "A cegueira", um relato de sua vida. Foi a partir de sua falta de visão que teve a inspiração. Ele é um grande exemplo de um deficiente físico que supera e se torna um gênio literário.

É preciso encarar qualquer espécie de deficiência, lesão ou inabilidade sob uma ótica não discriminatória. Débora Diniz, escritora, antropóloga, professora da Universidade de Brasília (UnB) e pesquisadora sobre deficiência pelo Conselho Nacional de Desenvolvimento Científico e Tecnológico (CNPq), assim fala acerca da cegueira:

> "Afirmar a cegueira como um modelo de vida é reconhecer seu caráter trivial para a vida humana. Ser cego é apenas uma das muitas formas corporais de estar no mundo. Mas, como qualquer estilo de vida, um cego necessita de viver a vida. A deficiência visual não significa isolamento ou sofrimento, pois não há sentença biológica de fracasso por alguém não enxergar. O que existe são contextos sociais pouco sensíveis à compreensão da diversidade corporal como diferentes estilos de vida".

Por certo que isto se aplica as demais deficiências por que passam mais de 24% da população brasileira, conforme dados do Instituto Brasileiro de Geografia e Estatística – IBGE.

Outro exemplo de superação é o ator Geraldo Magela – "o Ceguinho", que trabalha na televisão brasileira; sua história de vida é simplesmente fascinante.

Geraldo Magela antes de ser humorista, diz a sua história, foi vendedor de picolé, refresco, bolinho de espinafre, carregador de feira. Quando adulto, fez como a maioria dos deficientes visuais: vendeu loteria. Foi também locutor em lojas, anunciando diversos tipos de produtos: *"camisas que depois de lavadas servem para o irmão mais novo, calças que depois de lavadas viram bermudas"*, brincava ele. Sempre de uma forma especial, ele ficava escondido, anunciava os produtos, imitando personagens famosos, deixando subentendido que os mesmos estavam ali nas lojas.

"O Ceguinho" , como é carinhosamente chamado, Geraldo Magela, trabalhou nas seguintes rádios mineiras: Inconfidência, Itatiaia e Capital; fez vários shows; depois foi para a televisão, fazendo programa humorístico. Em 2011 participou de um filme curta metragem, chamado de "Morte cega". Sempre de bem com a vida e, não deixando que sua debilidade física fosse empecilho para o trabalho, e ter vida digna e realizar os seus objetivos.

O Ceguinho é um grande exemplo de vida, fez de sua deficiência a eficiência do seu trabalho. É o melhor humorista cego do Brasil; como extraído do seu site, e ressalta: - "mesmo porque só tem ele".

Quantos atletas paralímpicos eu poderia exemplificar? Muitos, felizmente! Você talvez conheça, ou tenha algum amigo ou parente, que superou uma lesão física e tenha uma vida de sucesso, porque não se entregou ao desânimo, mas criou suas próprias alternativas de vida, e vida com dignidade.

Estas situações você olha, conhece, mas não as vê com o olhar apreciativo o suficiente para ser incomodado a sair do seu comodismo e fazer algo extraordinário. Você passa a vida somente com o ordinário. A diferença entre um e outro está no extra.

A questão da oportunidade

"Nos perguntamos: "Quem sou eu para ser brilhante, atraente, talentoso e incrível? Na verdade, quem é você para não ser tudo isso? Você é um filho de Deus. Bancar o pequeno não ajuda o mundo. Não há nada de brilhante em encolher-se para que as outras pessoas não se sintam inseguras em torno de você. Nascemos para expressar a Glória de Deus que há em nós. Ela não está em apenas alguns, está em todas as pessoas. ... E à medida que deixamos nossa própria luz brilhar, inconscientemente damos às outras pessoas permissão para fazer o mesmo."
Nelson Mandela

Você pode pensar que a sociedade não lhe tenha dado oportunidades. Quais oportunidades você buscou? Talvez você tenha razão... Houveram uma sucessão de embaraços... Houveram incidentes e infortúnios... Mas, agora, pare e pense... Você hoje tem consciência de que pode fazer a sua própria oportunidade?

A coragem é a marca das pessoas que superam obstáculos, atingem o melhor de si mesmas, e vão além daquilo que é a rotina para a maioria das pessoas. Elas têm senso de humor, porque sabem que não podem viver de bem com a vida, cultivando amarguras por um ou vários insucessos passageiros.

O ex-Presidente sul-africano Nelson Mandela, quando assumiu o governo, fez uma história diferente; aproveitou sua experiência de segregação racial e prisional, e não espelhou neste modelo para fazer um governo de sucesso. Governou sem ódio ou vingança, de forma que consolidou os seus ideais, não só pela chegada ao poder, como também pelo novo paradigma de governar que inaugurou.

Você precisa saber aproveitar do próprio destroço, para recompor suas energias, aprender a sorrir dos próprios fracassos, reciclar o lixo que é formado em sua vida; a lição de um fracasso é aperfeiçoar naquilo que foi o fator decisivo para que ele acontecesse, de tal sorte que possa ser superado na próxima investida.

O ser que não é determinado, não persiste, não é tenaz, também não alcança os seus objetivos; ele abre mão dos seus sonhos frente as primeiras dificuldades. Quando ele passa por uma privação, em troca de sua satisfação momentânea, vende a sua dignidade e a sua potencialidade por ninharia; são imediatistas e pouco racionalistas.

Numa batalha da vida, se houver a necessidade de retroceder em determinado momento, para restabelecer as forças, analisar as estratégias e aglutinar em meio aos escombros, deve ser feito. Não há algo que justifique, em nome de um objetivo, ou meta, como queira; eu diria do orgulho, manter-se em posição de batalha, desperdiçando energia, fingindo e aparentando ousadia, destilando destemor quando a derrota está iminente. É preciso coragem para permanecer no erro, como também para sair dele. Qual destas coragens você usará? Winston Churchill diz: *"É preciso coragem para levantar e falar, mas também é preciso coragem para sentar e ouvir"*.

Se não lhe oferecerem oportunidades, crie você mesmo as suas. Se você conhece um grande e experiente profissional, saiba que ele resolveu o problema da inexperiência com a prática.

Mostra-me uma pessoa experiente e eu te mostrarei um praticante.

Repetindo: se não lhe oferecerem oportunidades crie-as, você mesmo. A falta de experiência gera medo e ansiedade. Combata-a com treinamento e prática.

A oportunidade é um fenômeno que está bem diante de você, quando você tiver o foco nítido. Você tem oportunidade nas novidades que surgem e até nos problemas. Sim, até nos problemas!

"No meio de cada problema está brotando uma oportunidade! TRATE DE VÊ-LA". Pensamento de W. de Gregori. Este pensamento está de acordo com dito popular: "tristeza de uns, alegria de outros". Existe um provérbio árabe que diz: *"Adversidades são grandes oportunidades".* Esta é uma afirmação real! Onde quer que esteja e qualquer coisa que esteja fazendo, você será a sua benção ou sua maldição.

Você já observou que, diante da crescente escalada da violência e da insegurança, o setor que mais cresce é o da segurança particular? Até cidadãos simples que tiveram esta percepção, oferecem em alguns bairros, uma "ronda" noturna particular e informal. E com isto estão se realizando pessoal e profissionalmente!

O estadista inglês Winston Churchill deixou-nos a seguinte frase: *"Um pessimista vê uma dificuldade em cada oportunidade; um otimista vê uma oportunidade em cada dificuldade".*

Como você tem visto o que há a sua frente? O que fará com o que está vendo? Você vai se esconder ou vai encarar?

Treine-se para ver as oportunidades, e vendo-as aproveite.

Tratando dos traumas – A força interior

Muitas pessoas passam por traumas psicológicos em suas vidas, desde a infância.

São diversas as violações e os ataques, que geram decepções, frustações, fobias e outras formas de manifestações negativas cujas consequências são malévolas ao pleno desenvolvimento do ser humano, em cujas condições normais este desenvolvimento não seria desapontado.

Estes são obstáculos invisíveis, que trabalham no inconsciente das pessoas, fazendo-as ou tornando-as menos produtivas e mais infelizes.

O famoso palestrante e escritor Nick Vujicic faz um relato impressionante, sobre os traumas psicológicos provocados por tragédias, mas que não os consideram impedimentos para que as pessoas os vençam e prosperem, veja:

> "Mesmo que você crie um forte senso de propósito para sua vida, alimente a esperança nas possibilidades e a fé no futuro, reconheça seu próprio valor, mantenha uma atitude positiva e se recuse a permitir que os medos imponham limites, ainda assim vai enfrentar dissabores e decepções. Nunca pense nos fracassos como algo definitivo, nem os compare à morte, porque a realidade é que, em suas lutas, você experimenta a vida. Você está no jogo. Os desafios e obstáculos que encaramos podem nos ajudar a ficarmos mais fortes, melhores e mais preparados para o sucesso".

Outro obstáculo que é comum a todas as pessoas, são aqueles "amigos" ou "companheiros" que caminham ao seu lado, compartilham de bons momentos, mas que trabalham no subterrâneo pelo seu fracasso.

Eles não se alegram de fato com o seu sucesso. Você precisa identificar estas pessoas. Elas se traem nos seus gestos incoerentes e com aquilo que discursam. Estas pessoas são como a serpente da história da serpente e o vaga lume. Você conhece?

Veja abaixo:

"Conta-se que uma serpente começou a perseguir um vaga-lume.
Fugiu um dia e ela não desistia, dois dias e nada.
No terceiro dia, já sem forças, o vagalume parou e disse à serpente:
Posso lhe fazer três perguntas?
- Sim. Respondeu a serpente.
- Pertenço à tua cadeia alimentar?
- Não. Afirmou ela.
- Eu te fiz algum mal?
E a serpente disse: - Não.
- Então, por que você quer acabar comigo?
E a serpente responde:
- Porque não suporto ver você brilhar..."

Diante de pessoas com deformação de caráter, recomendo que tenha sempre ouvidos atentos, olhos "arregalados" e sua percepção será aguçada para compreender os seus movimentos e evitar ataques surpresas.

Aprenda que o mais importante na comunicação são os verdadeiros significados daquilo que não está escrito e daquilo que não é falado; estes são observados além das aparências, estes formam o pano de fundo da verdadeira comunicação.

As informações expressas explicitamente são da ordem de 25%. Para completá-las, há de serem coletadas as informações não verbalizadas ou não exteriorizadas, através de técnicas de observação sensoriais, visuais ou fotográficas.

W. de Gregori e Evilásio Volpato em seu livro "Capital Intelectual e Administração Sistêmica" dizem:

> "É preciso que o cidadão saiba e aceite que tem amigos e adversários de classe e de subgrupo, concorrentes de todo tipo em todos os jogos triádicos, e que não é necessário odiar; mas que é necessário saber controlar democraticamente, tratando de manter os três subgrupos dentro de limites proporcionais, estando disposto à luta se necessário".

Eles definem "jogos tríádicos" por:

> "Aqui tudo, seleção natural, luta de classes, concorrência de mercado, luta entre o bem e o mal, relações humanas e conflitos, campeonatos de qualquer tipo, a tudo se chama jogo triádico. Jogo porque guerra é só o último estágio do tensionamento; e triádico, porque sempre intervém pelo menos três forças ou subgrupos que são: oficial, antioficial e oscilante".

Se desejar saber mais sobre estes grupos e sobre jogos triádicos, leia o livro acima, ele é bastante interessante, em se tratando de relacionamentos e comportamentos em geral, e você como parte integrante deste contexto relacional.

Nick Vujicic fala o seguinte:

> "A arte de ler as pessoas, se identificar, se relacionar, se solidarizar com elas e se colocar no lugar delas, sabendo em quem confiar e como ser digno de confiança, é fundamental para o seu sucesso e felicidade. Poucas pessoas se dão bem na vida sem o talento para construir relacionamentos baseados na compreensão e confiança mútuas. Todos nós precisamos de alguém para amar, mas também precisamos de amigos, mentores,

exemplos de vida a serem seguidos e apoiadores que apostem em nossos sonhos e nos ajudem a realiza-los".

Saiba interpretar estas linguagens e gestos e cuide de lidar com eles. Supere seus traumas com a força que interior que há em você.

Vencendo com aquilo que você possui

"A vida vai ficando cada vez mais dura perto do topo."
Friedrich Nietzsche

Suas habilidades e até mesmo as inabilidades, pouco comuns, podem torná-lo diferente e fazer de você uma pessoa surpreendente. Há um ditado que diz: *"Faça o que pode, com o que você tem, onde estiver"*. Tal ditado nada mais é que reforçar a verdade na qual, você vence mais facilmente o inimigo na sua arena, ou seja, no seu habitat.

Basta que você tenha disposição para ser notável. Digo disposição, porque mesmo com toda a capacidade e potencialidade que você tem, se ficar intocável e inacessível, será tal como um tesouro enterrado num lugar bem profundo. O valor deste tesouro não tem serventia. Prosseguindo, como você sabe, enquanto estiver no anonimato, na esteira comum da sociedade, e executando suas atividades e compromissos dentro das regras e normas previamente estabelecidas, unicamente, você tem uma responsabilidade limitada. Quando você aceitar trabalhar suas potencialidades e colocá-las a serviço da comunidade sua responsabilidade também aumentará e você irá se despontar para o sucesso.

Você passará da fileira dos liderados para a de líder. E, então passará a ser referência para muitas pessoas.

No mundo você ouve falar sobre Moisés, Buda, Maomé, Gandhi, Jesus e das multidões. Em qual posição você estará?

Você pode fazer a diferença na família, na comunidade, na cidade, no país e no mundo, dependerá de sua disposição em colocar o que você é para estes grupos.

Você pode passar pelo mundo de forma ordeira ou desordeira, anônima ou não. Você pode fazer a diferença onde estiver, galgar relevância conforme sua dedicação. Para galgar esta relevância, você precisa fazer além do que te é exigido, seja em quantidade ou qualidade; é um desafio que o apruma para o crescimento e o topo de sua carreira.

Você já refletiu sobre os talentos do ceguinho Geraldo Magela? Adiante você verá a história do palestrante sem pernas e sem braços – Nick Vujicic, já citado algumas vezes.

11 Extrair o melhor de todas as coisas

"Sem sonhos, a vida não tem brilho. Sem metas, os sonhos não têm alicerces. Sem prioridades, os sonhos não se tornam reais. Sonhe, trace metas, estabeleça prioridades e corra riscos para executar seus sonhos. Melhor é errar por tentar do que errar por omitir!"
Augusto Cury

Existe muita gente que gosta de estar próximas de pessoas famosas ou de pessoas brilhantes, como que se a fama e o brilho delas lhes fossem refletir, de algum modo em suas vidas.

É muito bom estar próximo de pessoas que se destacam, são surpreendentes e positivas. Você consegue se motivar, fazer com que as esperanças sejam renovadas ou surgidas.

É bom atentar para o fato de que, não é a fama que torna as pessoas melhores e um modelo a ser seguido. Tanto as pessoas famosas quanto as anônimas, se você passa a olhá-las com um olhar "apreciativo", você perceberá que, tanto em umas quanto em outras, você terá muito a aprender com elas.

Certo dia, um amigo meu - "Dim Pedreiro", sem formação acadêmica, enquanto conversávamos me fez a seguinte pergunta: "Se numa árvore houver dez aves e, você atirar uma pedra em uma delas, quantas ficarão na árvore?" Respondi: "nove". "Errado", retrucou ele, "pois as outras fugirão"; "fuja dos problemas quando não faz parte deles", concluiu.

Esta história foi bastante interessante para minha concepção de convivência; o ponto de vista daquela sabedoria e filosofia popular ensinou-me a portar de forma menos intrometida em muitas situações. Se você se encontrar diante de um caos generalizado, o melhor é se refugiar até que tenha clareza do que esteja de fato ocorrendo.

O convívio, os relacionamentos, as experiências e as culturas diferentes são tão enriquecedores, que você não pode deixar de apreciá-los todos os momentos de sua vida; eles são importantes quando se pretende alcançar o sucesso em sua carreira.

Eu quero compartilhar com você, o exemplo comovente e fantástico da história de vida do deficiente físico sérvio, Nick Vujicic, nascido em 1982, sem pernas e sem braços devido a uma rara síndrome. Veja o seu depoimento de vida:

"Nasci sem os membros e os médicos não tem qualquer explicação para isso. Como você deve imaginar eu enfrentei muitos desafios e obstáculos. Meus pais são cristãos, meu pai é pastor. Eles não tiveram tempo para se preparar para o meu nascimento.
Meu pai ficou tão chocado quando nasci que saiu da sala para vomitar. E minha mãe não quis me segurar até os quatro meses de idade.
Todos choraram meu nascimento. E perguntaram o por quê de Deus ter permitido que aquilo tivesse acontecido com minha família, sendo que minha mãe me deu uma irmã e um irmão normais.
Quando fiz 15 anos passei a dedicar minha vida a Deus.
Hoje tenho 25 e terminei meu curso Universitário de Comércio, me formando em planejamento financeiro e Contabilidade. Eu também dou palestras de motivação. Estou escrevendo meu primeiro livro, "sem braços, sem pernas, sem preocupações".

Tenho muitos objetivos... Quero ser independente financeiramente até fazer 27. Quero ser entrevistado pela Oprah. Quero ter um carro adaptado para mim. E quero escrever muitos livros... "Nada na vida deve ser temido, apenas compreendido".

A história de Vujicic é simplesmente maravilhosa! Sua vida foi recheada de dificuldades, bem maiores, imagino, do que de qualquer pessoa que tenha o corpo com todos os órgãos físicos perfeitos. Ele teve dificuldades na escola, porque foi alvo de "chacotas" e "zombarias", o atual "bullying". Ele chegou a pensar em suicídio aos 08 anos de idade.

Mas, foi quando sua mãe lhe mostrou um jornal, em que um homem lutava com uma grave deficiência, que ele deu uma guinada em sua vida, ao perceber que não era o único a ter problemas. Ele extraiu o melhor da sua situação, ele desafiou sua deficiência até superá-la, e hoje é um grande palestrante, já publicou o primeiro livro, em 2010, que se chama: "Life Without Limits: Inspiration for a Ridiculously Good Life (em português: Vida Sem Limites: Inspiração para uma vida Ridiculamente Boa)". E em 2012 publicou o segundo livro intitulado "Indomável". Ambos traduzidos no Brasil.

Enquanto você dirige o seu automóvel, você já parou e pensou quem o fez, e como foi feita a direção daquele veículo? Acredito que não. Você anda naturalmente com tranquilidade e segurança, porque acredita que quem o fez, e o material nele utilizado, esteve sob um controle rigoroso de qualidade até que chegasse a você.

Você já parou para pensar se seus produtos, seus relacionamentos e seus serviços passam por um controle de qualidade? Ainda que seja unicamente seu?

Avalie o que você fez e faz e se dê uma nota de 0 a 5. Tudo o que você oferecer o faça com qualidade! Se puder fazer melhor, faça!

Você irá aperfeiçoar, cada vez mais, quando tem em mente a preocupação de dar qualidade ao resultado do seu trabalho.

Pessoas de sucesso dão o melhor de si àquilo que fazem.

Quando você dá o melhor de si, você se realiza, e não tem do que se envergonhar.

Não espere a unanimidade e a perfeição, portanto seja receptivo às críticas.

Ouça as críticas, sejam positivas ou negativas; elas têm muitas coisas a lhe ensinar; você tem muito a aprender.

Aprenda a ter ouvidos sensíveis para opiniões divergentes, sugestões e críticas. Qualquer que seja a sua escolha, o caminho que você for trilhar, terá que saber lidar com fracassos e derrotas e todo tipo de pessoas: incentivadoras, desmotivadoras ou apáticas. Ralph W. Emerson disse o seguinte:

"Qualquer caminho que você decida tomar, existe sempre alguém para te dizer que você está errado. Existem sempre dificuldades surgindo que te tentam a acreditar que as críticas estão corretas. Mapear um caminho de ação e segui-lo até o fim requer... coragem."

Não se acomode ao receber elogios, endeusando-se, preocupe em, no mínimo, manter os padrões atuais, mas não deixe de buscar inovações, pois o mundo e as pessoas estão em aceleradas modificações. Por outro lado, não se esmoreça quando a crítica vier em alta dosagem, alguma coisa de verdade ela traz, refine-a e "toque o barco a diante".

Aquilo que satisfaz o cliente hoje pode não satisfazê-lo amanhã.

Mantenha-se sintonizado nos movimentos sociais e suas tendências. Você pode melhorar, e muito, o que faz, sem agredir os seus princípios.

Especialistas do ramo automobilístico disseram que, recentemente, nos anos de 2004 a 2008, uma grande fábrica de automóveis, quase foi a falência porque insistia em manter o padrão inicial projetado para os seus veículos, focado exclusivamente no motor.

Outras fábricas de automóveis, entretanto, que acompanhavam as tendências mercadológicas, com o crescente número de mulheres inseridas no mercado de trabalho, e sujeitas ativas nas decisões das compras de veículos, passaram a oferecer além do motor um "design" sofisticado. A nova clientela queria tanto motor de qualidade quanto o "design"; na verdade, mais o "design". Se esta fábrica não "abrisse os olhos" iria a falência. Ela só se manteve no mercado de automóveis, porque se atualizou e passou a oferecer "design" moderno e mais atraente. Foi necessário absorver novas tecnologias disponíveis, alinhando-se as exigências dos consumidores.

Aos críticos, do ponto de vista pessimista ou negativo, ofereça resultados. Eles são muito importantes, porque irão motivá-lo a refletir sobre o seu comportamento, e os meios utilizados para chegar ao fim proposto.

Internalize as maravilhas

Existe um dito popular, que é verdadeiro, que fala: "uma batata podre põe o resto a perder", e outro, igualmente verdadeiro: "água mole em pedra dura tanto bate até que fura".

Decorre, do primeiro ditado, que se você tem maus pensamentos, estes maus pensamentos irão contagiar todos os outros.

Se um pensamento mal surgiu em sua mente, justificadamente ou não, você precisa treiná-la a excluir este pensamento com outro melhor e bem humorado. Como? Pense o aspecto positivo, contrário deste mau pensamento, e aplique o princípio da Física, que diz que dois corpos não podem ocupar o mesmo espaço ao mesmo tempo; ou seja, não permita que dois pensamentos contrários ocupem o mesmo lugar no seu cérebro, ao mesmo tempo. Fique apenas com o pensamento positivo! Veja o que acontece com um recipiente cheio de água suja, quando você vai derramando outra água limpa incessantemente, a água suja vai saindo, de sorte que ao final só ficará água limpa.

Você precisa se esforçar para trazer a mente coisas boas e férteis, e seu corpo ficará igualmente bom e fértil. Expulse os maus pensamentos, não os deixe que internalizem em você, e se já estiver internalizado use a técnica acima da limpeza da água suja no recipiente. Para isto, leia, medite, sonhe e viva com bons projetos, tenha pensamentos de esperança, de trabalho produtivo, faça as melhores coisas, tenha fé, ame, aja com lealdade e seja alegre. Cultive as melhores amizades, retenha o que é bom de todos os seus amigos.

O segundo ditado, nos comunica da perseverança contra a aparente impossibilidade: a água perfurar uma rocha. Mas é isto o que acontece, a água de tanta insistência, rompe uma lógica aparente, de que não conseguirá furar a rocha. Assim são os bons pensamentos, que, ao inundarem o seu ser, além de expelir os maus, darão condições para que eles se concretizem, porque levarão você a viver num estilo de vida equivalente, impondo à aparente impossibilidade a sua possibilidade. Charles Chaplin afirma: *"Que os vossos esforços desafiem as impossibilidades, lembrai-vos de que as grandes coisas do homem foram conquistadas do que parecia impossível".*

O grande escritor Rui Barbosa disse o seguinte: *"mas, se a sociedade não pode igualar os que a natureza criou desiguais, cada um, nos limites da sua energia moral, pode reagir sobre as desigualdades nativas, pela educação, atividade e perseverança".*

Você pode tirar boas lições, inclusive nas suas perdas, quando a vida golpeá-lo, ou da tribulação que você não provocou. Estes momentos são cruciais para lhe moldar o caráter, trabalhar a sua resistência e o seu vigor e, por fim, criar um forte desejo de superação, que em suma lhe tornarão numa nova pessoa. Dizem que não é a vitória, e sim a luta, que faz um homem e uma mulher.

Um campeão de qualquer esporte que você imaginar, já experimentou algumas derrotas. Veja a história de Ayrton Senna, apesar de algumas derrotas incríveis é considerado o maior piloto até os dias atuais de fórmula 1. Um campeão tem várias qualidades que o distingue dos demais, como persistência, força de vontade e domínio próprio.

Aqueles que vencem reconhecem que não são infalíveis; aprendem com os erros, treinando para se aperfeiçoarem nos pontos de fragilidade. Carl Yastrzemski declarou que: *"Se você quer os acertos, esteja preparado para os erros"*. Um time de futebol, certamente contará no seu histórico com algumas derrotas, por exemplo, mas chegará ao 1º lugar no torneio, e tornar-se-á o campeão de uma temporada e levantará a desejada taça.

12 Chegar ao topo não é o fim

"Se você tiver ambição e conhecimento poderá chegar ao topo na sua profissão, independentemente de onde começou."
Peter Drucker

Um gesto de humildade recomenda rever o planejamento, alterá-lo ou refazê-lo, desde que a visão acerca do objetivo não seja modificada.

Sofrer perdas, durante alguns processos da vida, durante a execução de um determinado planejamento, deve ser previsível, mas estas perdas não representam o estrangulamento do alvo traçado. Quando isto ocorrer, coloque um de seus planos alternativos em prática.

Diga ao obstáculo: você me frustrou, mas saiba que voltarei mais forte e haverei de vencê-lo, pois estarei mais experiente. *"A paixão aumenta em função dos obstáculos que se lhe opõe"* Esta frase foi citada por William Shakespeare; deixando claro que o obstáculo é para os visionários, o combustível para sua caminhada, cuja direção e sentido estão estabelecidos.

....

"A paixão aumenta em função dos obstáculos que se lhe opõe."

....

Lembre-se: faça bem o que você sabe fazer, e você será um sucesso, aperfeiçoe sempre e se manterá nele. O que você sabe fazer bem feito é um dom de Deus, que lhe foi concedido, use-o em seu favor e de sua comunidade, e, além de bem sucedido será realizado.

Não queira ser, ou fazer o que os outros fazem pura e simplesmente, seja original, faça aquilo que você é capaz, lute e aperfeiçoe nas suas habilidades, não seja um plágio na vida. Talvez Arthur Schopenhauer tenha pensado sobre isto quando escreveu:

> "Nada pode ser mais insensato do que querer propositadamente ser algo diferente do que se é: porque isso constitui uma contradição direta da vontade consigo mesmo. Imitar as qualidades e características de outrem é muito mais vergonhoso do que vestir roupas alheias: pois trata-se do juízo da própria nulidade, expresso por si mesmo".

Se você for omisso em relação aos seus sonhos, ao final da jornada desta vida, se arrependerá.

Você não deve acusar o destino pela vida que tem. Sabemos pela experiência que muitos têm sim, algumas benesses do destino, são quase que um "Midas" - tudo que tocam vai bem; outros são azarões. A expressão "Midas" provém da mitologia grega na qual o rei de mesmo nome, transformava em ouro tudo o que tocava. Entretanto, sabemos também que, uma maioria significativa ignoram estes caprichos da vida, e fazem suas histórias diferentes, por conta de sua determinação, fé e força de vontade em vencer.

Se você é uma pessoa em que os ventos sopram favoráveis a sua vida, e se dedica, irá muito longe. Caso contrário, mas se dedica com perseverança, irá muito longe, porque mais da metade daquilo que você é, você mesmo faz, até a própria vida reconhece e aceita. *"Tudo é possível ao que crê"*, disse Jesus a seus seguidores, conforme está escrito no livro de Marcos 9.23b. Amyr Klink descreve este acreditar, na força do querer, desta forma: *"Descobri como é bom chegar quando se tem paciência. E para se chegar, onde quer que seja, aprendi que não é preciso dominar a força, mas a razão. É preciso, antes de mais nada, querer".*

Tenha coragem e não postergue sua decisão por muito mais tempo! O seu desempenho bem-sucedido depende do seu querer, tal como analogamente afirmou Sêneca: *"É parte da cura o desejo de ser curado".*

Criatividade & Curiosidade

Ter criatividade é dispendioso, estou falando para a grande maioria da população que está na média do conhecimento. Criar algo, inovar, depende de muita energia. Para se ter energia é preciso sair da inércia, e, por isto, talvez seja mais fácil, ou melhor, mais cômodo, manter a situação tal como está. Cria-se assim, um ciclo vicioso: não inova porque não tem energia e não tem energia porque fica inerte, vejamos um exemplo de ciclo vicioso, contado por Malba Tahan:

"A história que vamos contar se passou há muitos anos na cidade do Cairo.

Um oficial holandês, que visitava a régio, observou que, todos os dias, quando o relógio da torre do palácio real indicava 12 h, um tiro de canhão era disparado.

Curioso, procurou o encarregado dessa tarefa. Entre outras coisas, ficou sabendo que o tiro deveria ser disparado exatamente ao meio-dia. Nem um minuto a mais, nem um minuto a menos.

Para garantir essa precisão, o relógio da torre era acertado, diariamente, por um excelente relógio suíço, propriedade do relojoeiro da cidade.
Interessado no caso, o holandês procurou o relojoeiro. Este possuía um moderno e magnífico cronômetro. Mas a revelação que fez ao oficial foi incrível: "Retifico cuidadosamente o meu relógio às 12 h, assim que ouço o tiro de canhão da torre".

A criatividade é a curiosidade com resultado.

Se você não é curioso; se tem dúvidas ou não sabe como fazer e, não investiga, não procura por soluções para as diversas situações e problemas do cotidiano, você é um mero repetidor de ações. Existe um ditado judaico que diz: *"Por vezes a curiosidade abre novos horizontes, quando não, acende a chama do entusiasmo para procurá-los"*.

Desperte-se e saia da inércia, não leve o seu tesouro intelectual para o sepulcro sem utilizá-lo!

A viagem da vida

"Não vês que somos viajantes?
E tu me perguntas:
Que é viajar?
Eu respondo com uma palavra: é avançar!
Experimentais isto em ti,
Que nunca te satisfaças com aquilo que és
Para que sejas um dia aquilo que ainda não és.
Avança sempre! Não fiques parado no caminho."
Santo Agostinho

Falar sobre a vida e o estilo de viver, me leva a imaginar um traço descrito por acontecimentos, conquistas, fracassos, tentativas e soluções, durante um período da vida considerado.

A vida é uma viagem; nela descobrimos cenários, passamos por túneis, montanhas, vales, nos deslocamos utilizando de trens, de cavalos, de ônibus, de caminhadas a pé, de automóvel, de bicicleta ou de avião e etc. Veja a definição acima de Agostinho, um teólogo do século IV, que me passa a ideia de um mover permanente na vida.

Avançar sempre! Utilizar racionalmente todos os recursos disponíveis. O ponto final desta viagem é quando você dá o último suspiro. Até este derradeiro momento, o melhor remédio é prosseguir em busca da realização, é sonhar, experimentar, amar, criar e viver.

Para uma viagem precisamos nos preparar, levar algumas coisas que são essenciais, e o mínimo de supérfluo, de modo que a viagem não se torne estressante e fatigante. Assim, você precisa escolher o que levar nesta viagem da vida.

Pensamentos negativos são alguns "caroneiros", que transportamos diariamente. Além de não nos pagar pelo transporte, nos roubam os melhores sentimentos e a autoestima; trazem depressão, castram nossas melhores ideias, e, se permitirmos, eles criam uma realidade intransponível, cruel e mais severa que a real.

Existem dias em que você está menos alegre do que em outros; são momentos propícios para geração de pensamentos negativos. Lembre-se: todos os seres humanos têm estes pensamentos, uns mais outros menos. Estes pensamentos percorrem com você na viagem da vida, seja no trabalho, na escola ou no lazer. O propósito deles é destacar o lado sombrio que possa ser vislumbrado nas coisas. Eles dão vigor ao pessimismo. Eles olham para uma ponte, por exemplo, e vêm a sua parte inferior, e alertam para o perigo delas ruírem; eles colocam em dúvidas sua engenharia, questionando: ela foi bem construída? O material empregado foi de primeira qualidade?

Lembro-me de quando algumas vezes me mudei de residência, e tinha que colocar os objetos em caixas; quanta coisa jogava fora! Eram brinquedos velhos ou quebrados, cadernos velhos e outras tantas coisas sem qualquer valor para mim. Era um espanto ver como conseguia juntar tanta quinquilharia, sem saber os porquês de guarda-la, tão pouco o para quê. Se por acaso precisasse de alguma daquelas coisas, confesso que não saberia que as possuía muito menos onde as encontraria.

Então, na viagem de mudança, deitava fora tudo aquilo. Aqueles objetos não tinham utilidades, ocupavam espaço desnecessariamente, despenderia muito trabalho para embalar, carregar e guardar novamente.

Durante a viagem da vida, muitas pessoas carregam uma série de coisas de menor importância, ou antes, sem qualquer utilidade. Transportam estas coisas em prejuízo próprio. Estas coisas atrapalham o deslocamento porque são pesadas, tem tamanho desproporcional, não tem bom conteúdo e nem formas adequadas.

Dentre as coisas inúteis carregadas por muitas pessoas, eu cito: o passado de angústia, o sofrimento, a mágoa e o ódio. Levam também, através do pensamento, pessoas e objetos, utilizados tão somente para causar-lhes mais perdas e mais sofrimentos.

Resultado: não sobram espaços para as coisas importantes, como perspicácia, objetividade, eficiência, criatividade, generosidade, gratidão, amor e felicidade. Estas coisas sim, serão as que farão com que, as pessoas e você, cheguem ao topo e nele permaneçam.

Perspectiva certa

Não dormir até mais tarde ou acordar mais cedo? São duas questões que buscam o mesmo resultado prático, porém com perspectivas diferentes e importantes, de acordo com a sujeição passiva ou ativa dos que estão envolvidos.

Quando você está na posição passiva, ou seja, de fazer determinada coisa, como na questão acima, a primeira afirmativa, impõe uma negação a uma atividade que talvez você goste: dormir até mais tarde. Da forma como é colocada a primeira assertiva: Não durma até mais tarde! Ela cria uma resistência enorme para o seu cérebro e o seu organismo.

Esta resistência exige um dispêndio extra de energia para realizar a tarefa, enquanto que a segunda assertiva - acorde mais cedo! Irá aguçar a sensação de fazer algo novo, e por isto, colocará o seu cérebro e as demais células do seu organismo estimuladas e motivadas a realizar esta tarefa. Por isto, é a forma de abordagem recomendada de ser adotada, porque tem maior receptividade e uma resposta positiva do destinatário mais imediata.

Em vez de você dizer e pensar que algo está ruim, por que não pensar e dizer que isto irá melhorar? Com este raciocínio, você age de forma estratégica com o seu cérebro que passa a encarar as coisas de forma positiva, otimista e aquietadora do desânimo. Parafraseando Robert Schuller afirmo que: Uma situação difícil não perdura para sempre, uma pessoa difícil perdura na dificuldade.

Aprenda a fazer uma leitura das situações por que você passa, sob uma perspectiva diferente e positiva. Você já deve ter visto falar da figura criada pelo cartunista W. E. Hill, intitulada "Minha mulher e Minha sogra" - quando você a observa por um ângulo vê a esposa, e por outro, vê a sogra.

A fábula de Marco Fabossi é bastante oportuna de ser citada:

"Havia um cego sentado na calçada em Paris, com um boné a seus pés e um pedaço de madeira que, escrito com giz branco, dizia: "Por favor, ajude-me, sou cego".
Um publicitário, que passava em frente a ele, parou e viu umas poucas moedas no boné e, sem pedir licença, pegou o cartaz, virou-o, pegou o giz e escreveu um texto diferente, voltou a colocar o pedaço de madeira aos pés do cego e foi embora.
Pela tarde o publicitário voltou a passar pelo cego que pedia esmola, porém, agora, o seu boné estava repleto de notas e moedas. O cego reconheceu as pisadas do publicitário e lhe perguntou se havia sido ele quem reescreveu seu cartaz, sobretudo querendo saber o que havia escrito ali.
O publicitário então respondeu: "Nada que não esteja de acordo como seu anúncio, mas com outras palavras." E completou: Escrevi: "Hoje é primavera em Paris e eu não posso vê-la".

Coloque-se na melhor perspectiva para você. Será como se você fosse colocado em uma janela e, olhando por ela visse apenas as melhores coisas. Você vê o que o seu íntimo está condicionado a ver. Agostinho, o Bispo de Hipona, sacerdote católico, tem uma frase que retrata bem o que eu estou referindo em relação a perspectiva; no caso, a de dois presos, que é a seguinte: *"Dois homens olharam através das grades da prisão; um viu a lama, o outro as estrelas"*.

Você pode ver lama ou estrelas, um mundo colorido ou cinzento. Para isto você precisa treinar a sua visão; colocando-se numa perspectiva positiva você verá o melhor em tudo.

Aprenda a lidar com as coisas de modo suave. Não seja tão rigoroso com você e com os outros. Se tiver que ser rigoroso com você para enquadrar-se num perfil flexível, seja! Com relação aos outros tenha tolerância. Cada pessoa tem o seu estilo, filosofia, cultura, desejos, momentos e percepções diferentes. Não queira mudar as pessoas, mude a si mesmo e os outros mudarão através de você.

Invista tempo em tornar-se uma pessoa melhor. John C. Maxwell diz o seguinte: *"Todos os dias em que você faz as coisas certas – trabalha com afinco, trata os outros com respeito, aprende e cresce, você investe em si mesmo"*.

Olhe as coisas a sua volta considerando as várias perspectivas que possam existir, e fixe-se na que for a mais positiva.

Você pode olhar para uma floresta e não ver mais que um monte de arvores, galhos e folhas, ou pode ver um habitat para incontáveis seres microscópicos e, cheia de uma rica biodiversidade.

Da forma que você vê os objetos, os fatos, assim será. Sua energia consciente e inconsciente trabalhará para isto. Se você diz que não conseguirá algo, vê-se impossibilitado para isto, o cérebro irá dar o comando a todas as partes do corpo para isto, e então assim será. É o que acontece quando você olha para o trabalho e diz que: "este trabalho me mata!" Não duvides que o trabalho irá matá-lo. O escritor cristão, Dr. T. L. Osborn descreve de maneira muito feliz a questão da fala, da confissão, que, para mim é fruto do que você pensa e acredita, veja: *"Você disse que não o podia fazer, e no instante em que o disse você ficou derrotado. Você disse que não tinha fé, e nesse mesmo instante a dúvida, como um gigante, se levantou e o amarrou. Você falou em fracassar, e o fracasso assenhoreou-se de você"*. O líder indiano Mahatma Gandhi disse semelhante declaração:

> "O homem converte-se aos poucos naquilo que acredita poder vir a ser. Se me repetir incessantemente a mim mesmo que sou incapaz de fazer determinada coisa, é possível que isso acabe finalmente por se tornar verdade. Pelo contrário, se acreditar que a posso fazer, acabarei seguramente por adquirir a capacidade para fazê-la, ainda que não a tenha num primeiro momento".

Tenha em mente o seguinte: se você não acreditar em você, ainda que outros acreditem você não realizará algo grandioso. Nasce em você o sucesso. Ele não vem do exterior, mas do seu interior. Sarah Meredith faz a seguinte consideração a respeito do seu posicionamento diante de você mesmo: *"Acreditar em si mesmo leva a um destino infinito. Acreditar que você falhou é o fim da sua jornada"*.

Os empresários da área educacional deixaram de usar a expressão **"custo do curso"**, para **"investimento no curso"**; algumas lojas dizem que **você "economizou "xis" reais na compra"** em vez de falar que **sua "compra ficou por tantos reais"**. Por que usar estas expressões em substituição as outras? Trata-se de uma **estratégia de mercado,** que estimula e faz com que o cliente saia feliz com o que está fazendo ou comprando, e, que ele tenha a feliz sensação de ter feito um **ótimo negócio** e **obtido um**

“ganho”. Esta palavra – ganho é uma “**palavra vibrante”**, que muitos, senão todos gostam de pronunciar: **“ganhei”** ou **“fiz um grande negócio”**.

Na verdade o desembolso financeiro é o mesmo em uma ou em outra ótica, mas quando você, colocado na perspectiva do investimento, se anima mais porque você passa a aguardar uma espécie de retorno, algum rendimento através daquela aplicação. Ao passo que, se encarado como despesa, sob esta perspectiva, o retorno será menor ou inesperado.

O vendedor não consegue convencer o comprador, senão demonstrando as vantagens que o seu produto ou serviço possui, para isto, ele deve ser o primeiro a ser convencido; o preletor não empolgará o plenário lotado se ele mesmo não estiver convencido daquilo que pronuncia.

O **segredo desta estratégia** para você é: veja o **lado positivo** de uma situação, fique com ele, e, o seu cérebro irradiará para todo o corpo a informação que você “ganhou” ou “ganhará”, e todo o seu corpo ficará feliz e motivado em executar as **atividades necessárias** para esta realização.

Tudo aquilo que você estiver fazendo, obrigado ou voluntário, encare como um investimento que você está aportando para o seu crescimento profissional, pessoal e espiritual. Tome as suas amizades como investimento. O seu trabalho, o lazer, a espiritualidade, a educação são investimentos para a sua vida, eles concorrem para sua qualidade de vida. Invista bem e com qualidade e terá bons rendimentos!

Frequentemente as pessoas tendem a atingir o equilíbrio em suas vidas num determinado momento, e, começam a usufruir de sossego e tranquilidade, em comemoração a este ponto alcançado. São aqueles objetivos iniciais que foram atingidos. Acontece que na calmaria da vida e no sossego, pouco se produz, muitas coisas vão se passando por fora deste circuito; se a pessoa não se der conta que precisa retomar as atividades, no sentido de se aperfeiçoar, capacitar e buscar novos desafios, ela entra em completa estagnação; o ponto de equilíbrio que ela se encontra vai se rebaixando, até que, num determinado momento, ela ficará frente a frente com a ignorância em muitos aspectos da vida, e perceberá que terá que voltar à corrida, para se posicionar em condições de igualdade com a concorrência, sob pena de fracassar, colocando "em xeque", tudo aquilo que já conquistou, provocando em todo investimento, baixa nos rendimentos. Colonel Red afirma o seguinte: *"Quanto mais você sua nos treinamentos, menos sangra no campo de batalha"*.

Se você espetar um objeto no tronco de uma árvore, você observará que o objeto permanecerá no mesmo nível que você o colocou, mas o tronco continuará a crescer seguindo seu trajeto.

Assim é a vida, como o tronco, e o seu conhecimento como o objeto; se você não se aperfeiçoa, o conhecimento estagna por anos, mas o progresso da vida avança. Se o conhecimento segue o trajeto da vida, você alcançará patamares elevados de realização.

Por isto é aconselhável que você se mexa no sentido da vida, quanto mais o tempo passa, mais você precisa de novos conhecimentos. Seja sempre inovador!

Observe os "games" de aparelhos eletrônicos, eles possuem vários níveis; ao vencer aquele em que você se encontra, você é levado para outro superior. Transfira este critério para sua vida, e quando estiver alcançado um patamar que lhe deu estabilidade e melhorias, passe para o outro nível; embora sua tendência seja parar para "dar uma relaxada", o que é natural, porém não demore muito tempo neste estado. A capacidade e experiência que você possui, tem muito a contribuir para você mesmo e para a sua comunidade; usufrua!

Tentar obter os melhores resultados não melhorando a forma de fazer as coisas, ainda que sejam as mesmas, é como esperar colher um fruto de onde não o plantou.

Se quiser fazer a diferença, faça as coisas de forma diferente; paralelo a isto:

Administre o seu tempo

Não se esqueça, o tempo é um fator de grande importância na vida pessoal. O tempo passado é como a fumaça no espaço, você olha e percebe, mas não o apalpa.

Os anos passam segundo a segundo, minuto a minuto, dia a dia, semana a semana, mês a mês. Você, não se dá conta, de quanto tempo perde sem qualquer produtividade. Você, não precisa ser escravo do tempo, mas se não o administrar de forma a lhe proporcionar os melhores resultados, você se vê como que no meio de um tiroteio, sem saber o que fazer e qual direção tomar.

A vida é uma grande mestra, pois ensina silenciosa, paciente e obstinadamente. Quanto mais o tempo passa, tanto mais o valorizamos, pois é neste movimento que percebemos o quão diminuto ele é, comparado com a nossa existência. Com o passar do tempo, aprendemos a amar os amigos com os seus defeitos, pois também somos amigos, que possuímos defeitos e queremos ser amados. Passamos a ser mais tolerantes. É vida... se possível fosse, devia-te descolar do tempo, e quem sabe haveria mais tempo para se gastar com coisas banais. Entretanto, se você não tem tempo de sobra, dê preferência a gastar o que possui, naquilo que é útil e produtivo.

Os maiores tempos perdidos na vida e nas organizações são os gastos no planejamento, e, no que se aguarda a melhor ocasião para o desenvolvimento de um projeto. Outra parte do tempo que se perde é devido a falta de organização na execução das tarefas. Henry Ford, sobre a questão do desperdício do tempo relatou que: *"o desperdício de tempo difere do desperdício material, no sentido de que não pode ser recuperado. A perda de tempo ocorre com muita facilidade, mas é muito difícil corrigi-la, porque o tempo perdido não se torna tão evidente quanto um material desperdiçado, caído no chão"*.

Você conhece pessoas que desejam passar num concurso público, mas só começam a se preparar quando o edital é publicado? Quando o edital sai publicado, as provas são marcadas a poucos dias à frente. Pior ainda, são aquelas que aguardando o edital, começam a estudar e com o mínimo de dedicação. Diga-me alguém que tenha passado em um concurso público e que tenha agido desta forma!

Preste atenção! O tempo é um recurso não renovável. Por isto, precisamos aproveitá-lo com a maior diligência e sabedoria possível. Quando não se tem esta noção, ao final da vida, é o que assistimos não poucas pessoas dizerem, que se tivessem outra chance fariam tudo diferente. O tempo do qual elas dispunham, esvaiu-se sem aplicá-lo a qualquer propósito relevante na vida. Tudo que focaram não passou de futilidade.

O tempo, bem administrado, permite momentos de lazer e descontração, meditação e trabalho. Para isto é necessário que você faça uma agenda, com detalhamento destes momentos, de preferência semanalmente, revisando e retificando quando necessário.

Distribuir o seu tempo, nas suas diversas atividades, deve ser precedido de muita conscientização e disciplina, que o leve a aplicar-se com dedicação em cada uma delas.

Não dá para você ir para o trabalho pensando no lazer ou no lazer pensando no trabalho. Deste jeito, a distribuição do tempo não estará funcionando.

Se você fizer uma boa distribuição do seu tempo, verá o quanto você irá render em todos os aspectos de sua vida.

Analise seus horários semanais; veja o quanto você utiliza para dormir, para trabalhar, para o lazer, para meditar ou ficar "por conta do à toa". O que pode ser melhorado?

O seu tempo dedicado ao trabalho é apenas formal?

Se você não faz além daquilo que é o normal, não terá muito mais que o normal da vida. Subir Chowdhury diz: *"Transforme o que você faz diariamente por obrigação em algo que ame fazer".*

Você precisa trabalhar duro se quiser superar os obstáculos e chegar ao topo. Quando o desânimo e o cansaço vierem sobre você, terá que recobrar suas energias e não parar, e ainda,

Faça escolhas certas

50% de nossa vida é fruto de escolhas nossas, o restante é pré-definido. Você não escolhe os pais que tem, escolhe o seu cônjuge, não escolhe o lugar onde nasce, escolhe onde mora; não escolhe os profissionais que terá de relacionar, escolhe os amigos com quem compartilhar; não escolhe as habilidades que terá, escolhe o que fazer com estas habilidades; não escolhe como o outro irá lhe tratar, escolhe como reagir, e por aí vai.

Vou transcrever abaixo, uma história, cujo autor é desconhecido, que servirá de complemento para você, ao que me refiro, como exemplo, a postura correta em meio aos variados problemas aos quais você possa passar:

"Conta a lenda que um velho sábio, tido como mestre da paciência, era capaz de derrotar qualquer adversário.
Certa tarde, um homem conhecido por sua total falta de escrúpulos apareceu com a intenção de desafiar o mestre da paciência. O velho aceitou o desafio e o homem começou a insultá-lo. Chegou a jogar algumas pedras em sua direção, cuspiu em sua direção e gritou todos os tipos de insultos.
Durante horas fez tudo para provocá-lo, mas o velho permaneceu impassível. No final da tarde, sentindo-se exausto e humilhado, o homem se deu por vencido e retirou-se.
Impressionados, os alunos perguntaram ao mestre como ele pudera suportar tanta indignidade.
O mestre perguntou:
- Se alguém chega até você com um presente, e você não o aceitar, a quem pertence o presente?
- A quem tentou entregá-lo. Respondeu um dos discípulos.
- O mesmo vale para a inveja, a raiva e os insultos. Quando não aceitos, continuam pertencendo a quem os carregava consigo.
A sua paz interior depende exclusivamente de você. As pessoas não podem lhe tirar a calma... a não ser que você permita!"

A mente e os olhos humanos jamais se saciam com as conquistas alcançadas.

Você observa, que o homem descobriu continentes e os desbravou, foi à lua, deseja ir a Marte, e assim será ilimitadamente. Este é o desejo coletivo.

De igual modo, os desejos pessoais, causados por aquilo que você vê ou imagina, vão sempre continuar a existir. Isto sempre o colocará diante de opções diversas, nas quais você terá que fazer escolhas.

A mente humana é uma peça chave na condução da vida; por mais estudos e teorias a seu respeito ela sempre age e reage de maneira a causar surpresas.

Você é o que você pensa. Martin Luther King disse o seguinte: *"Saiba que seu destino é traçado pelos seus próprios pensamentos, e não por alguma força que venha de fora. O seu pensamento é a planta concebida, por um arquiteto, para construir um edifício denominado prosperidade. Você deve tornar o seu pensamento mais elevado, mais belo e mais próspero".*

Se você se imagina de alguma forma, para isto você deverá trabalhar. Você deve falar e agir, de maneira que isto te leve aonde você imagina. Quem quer chegar ao topo de sua carreira primeiro precisa se imaginar lá.

Um edifício ou uma casa existe na mente do engenheiro ou arquiteto, depois ele transfere para o papel e para uma maquete e a entrega ao seu cliente. Depois de algumas trocas de opiniões, ajustes e adequações, eles partem para a concretização daquela construção. Até o construtor leigo, passa por este processo inicial, ou seja, a partir da sua imaginação é que ele concebe a obra.

Se não houver o início a partir da imaginação, do pensamento, do sonho, do abstrato você não terá a obra concreta.

Quando você pensa, a imaginação tem livre percurso, posteriormente, o objeto da imaginação passa pela censura, fazendo uma opção. Esta censura está localizada no lado racional do seu cérebro e, após a escolha que você faz prossegue ou retém o imaginário.

Uma coisa importante: você precisa estar aberto à renovação de sua mente e ter autoconfiança, Edwin Louis Cole diz: *"As pessoas de sucesso têm boa imagem de si mesmas; as que fracassam, contudo, têm uma imagem negativas de si próprias. Isto não é um ensino com base na psicologia, mas um princípio do Reino encontrado na Palavra de Deus".*

Você precisa imprimir em sua mente uma imagem positiva sua, de tal sorte que você passará a viver, falar e agir desta forma e criará uma atmosfera necessária para o seu alcance.

Você precisa gerar boas expectativas a seu respeito, afinal você não é uma pessoa qualquer, é única, superou várias barreiras pela autopreservação, muitas das quais nem você mesmo sabe, e agora está no comando de sua vida. Você pode optar por muitas ações que lhes estão à porta. Não deixe, pois, que lhe tornem um fracassado, nem roubem o seu sucesso.

Para que você faça a escolha certa e a utilize para chegar aonde deseja, você precisa:

1 – Aproveitar as potencialidades

As potencialidades pessoais e estruturais são fatores essenciais para que você atinja o seu alvo. Com o seu melhor e, a alta potencialidade do empreendimento, decolar seu sonho com sucesso, tem uma excelente chance.

Despertar potencialidades exige técnica e conhecimento. O primeiro conhecimento é o próprio. Já disse anteriormente e vou repetir: Conheça-te a ti mesmo; eis uma tarefa difícil, por quê? Respondo: você como eu, e todas as pessoas, fugimos de nós mesmos o tempo todo. O verdadeiro "eu", que é encontrado no interior de cada um, aquele "eu" que é a nossa verdade, porém não gostamos de falar, do qual afastamos do pensamento, ele é o mapa que nos levará a sermos autênticos, por conseguinte felizes e realizados. Tem um provérbio árabe que diz: *"A coisa mais difícil para o homem é o conhecimento próprio"*. Se uma tarefa, de antemão, já é sabidamente difícil mais esforço e persistência deve ser empregados para executá-la.

O primeiro inimigo seu é você mesmo. Ele está no seu cérebro inconscientemente, indo com você a todos os lugares, obrigando-o a fazer ou deixar de fazer muitas coisas, sem o seu verdadeiro desejo, privando-o de ter uma vida plena. Enquanto age a espreita, traz angústia, medo e neuroses. Mapear o inconsciente, o eu interior, tem seu lado doloroso, porém corajoso. Assim procedendo, você enfrenta o seu engenhoso inimigo e o despoja da sua astúcia e tramoia contra você.

O outro conhecimento trata da conjuntura e estrutura daquilo que você pretende desenvolver, e já dissertei sobre ele. Se você tem uma visão, saberá onde se encontra a melhor chance de negócio; isto não está claro para a maioria das pessoas, porque é uma potencialidade que precisa ser explorada.

Assim, conhecer o potencial que você possui e utilizá-lo de forma maximizada, racional e inteligente é algo imperioso.

2 - Avaliar os riscos

Viver é um risco, todas as decisões que você adotar, ou se omitir, implicarão em assumir os riscos decorrentes delas.

Esta é uma regra imutável. Se você não decide, pode ser sua opção, outros decidirão por você. Não tem como ficar imune, aos feitos e efeitos das coisas que são de responsabilidade sua na vida.

A chuva e o sol caem sobre decididos ou não, parafraseando as Escrituras Sagradas, escrito no livro de Mateus 5.45. Prepare-se para cada um destes momentos temporais, quando vierem a ocorrer com você!

A indecisão tem sido a mãe de muitos fracassos. Você não vê, não pode ver, ou pelo menos não deveria ver um comandante militar indeciso sobre sua atitude diante de um conflito. Ele coloca a técnica, seu conhecimento e sua experiência em ação, num grande conflito; além disto, ele precisa de coragem, para dar efetividade a um procedimento, mesmo que venha a falhar. Você já deve ter visto em alguns noticiários, uma ordem dada por um comandante militar a seus subordinados, que não dera certo. Há um momento em que o conflito chega a um nível que tem que ser solucionado! Se o comandante fica indeciso, o problema se agrava. Ficar na indecisão, não soluciona o problema, ao contrário, o agrava; além disto, o tempo e esforços infrutíferos destroem a autoimagem.

Não deixe que a indecisão lhe roube o precioso tempo e a oportunidade de triunfar. Que você tenha um tempo para pensar, imaginar, mitigar os riscos, mas que este tempo não se estenda por um período longo demais.

A grande escritora, Cora Coralina, deixou um grande pensamento sobre decisão, o qual compartilho com você: *"Mesmo quando tudo parece desabar, cabe a mim decidir entre rir ou chorar, ir ou ficar, desistir ou lutar; porque descobri, no caminho incerto da vida, que o mais importante é o decidir".*

Uma análise dos riscos é uma avaliação prévia, na qual se descortinam o cenário e as tendências do empreendimento, que você está planejando executar. Avalie também o custo econômico e a logística; faça todas as projeções possíveis e imagináveis.

É claro que, para o visionário, os riscos em patamares suportáveis não implicam em desistência; indica que é preciso maior concentração e mais determinação.

Parece-me, que poucos serão aqueles que irão trilhar num empreendimento mais arriscado, daí a chance de maior sucesso neste caso.

Na instituição bancária na qual você é cliente, você tem um perfil conforme suas opções de aplicações financeiras. Este perfil pode ser conservador, moderado ou arrojado.

Este perfil é traçado pela sua modalidade de aplicação escolhida, nos produtos financeiros que o banco opera.

Em geral, as aplicações de maior risco, escolhidas pelos aplicadores arrojados, são aquelas que mais rendem, mas podem ser as que mais dão prejuízos. Peter Drucker fala assim sobre o risco: *"A inovação sempre significa um risco. Mas ir ao supermercado de carro para compra pão também é arriscado. Qualquer atividade econômica é de alto risco e não inovar – isto é, preservar o passado – é muito mais arriscado do que construir o futuro".*

Observar os riscos tem muito a ver com as experiências de cada pessoa. Estas experiências tem tudo a ver com o ditado popular que diz que "gato escaldado da água quente, tem medo da fria"; isto é o que leva a pessoa a uma "síndrome", que eu chamo de "síndrome do migo". O que é esta síndrome? Simples! Você tem o seguinte posicionamento: "Comigo já aconteceu, de tal forma uma vez, e diante de outras situações semelhantes, sou tentado a lembrar deste acontecido, e esperar o mesmo resultado".

Quando o negócio não apresenta algum risco tem pouca chance de sucesso.

Lembre-se: as regras do jogo da vida são universais, muitas vão se descortinando ao longo de todo o processo. Cuide de ficar atento!

Conhecer estas regras é muito importante, na tomada de decisão e avaliação dos riscos inerentes. Fugir ou esconder jamais são os melhores caminhos.

Você é dotado de capacidade para executar qualquer boa escolha que fizer, basta querer!

Quando você se dedica, se entrega de fato com amor, com intensidade, com tenacidade, você se surpreende diante de sua capacidade.

Saiba que os riscos que estiverem diante de você não serão vencidos se não forem enfrentados, ainda que todos os riscos não possam ser vencidos.

3 – Disposição para efetivação

"Mas se desejarmos fortemente o melhor e, principalmente, lutarmos pelo melhor... O melhor vai se instalar em nossa vida. Porque sou do tamanho que vejo, e não do tamanho de minha altura".
Carlos Drumond de Andrade

Ainda que todas as análises estiverem favoráveis, ainda que você tenha um excelente projeto, ainda que você tenha uma grande visão, ainda que você tenha uma grande oportunidade, ainda que você tenha grande habilidade e, mesmo que você deseje muito e tenha uma grande paixão, mas se você não tiver disposição e iniciativa para implantar a sua escolha, de nada servirá ter um projeto. Pode chegar o momento, em que a reta final esteja próxima, na qual se exigirá de você mais um pouco de trabalho, de paciência, de resistência, e você não dará este pouco mais, assim ficará pelo caminho tudo o que você investiu até então. Sem iniciativa você não impulsionará positivamente seu projeto. Sem disposição, você desistirá diante da menor dificuldade, mesmo quando estiver próximo da chegada.

Quando você, finalmente descobriu aquilo que queria, e sobrevindo algumas condições desfavoráveis, você mantiver a disposição para pagar o preço para obter o que quer, você obterá! Quando você tem disposição, o seu ânimo é recobrado, você fica fascinado, empolgado, estimulado; você se lança por completo, não deixa o medo, quando vier, acovardá-lo, não deixa as circunstâncias adversas intimidá-lo, nem tão pouco os seus adversários matarem a sua esperança.

Quando você se dispõe a fazer uma tarefa, você precisa saber que, em vários momentos deverá abrir mão de alguns caprichos pessoais, ainda que legítimos.

Este conhecimento é uma das bases da disciplina, sob o qual você irá educar-se: "abrir mão de alguma coisa hoje, para alcançar outra melhor no futuro". Este é o preço a ser pago para se chegar ao topo.

Os seus sentidos, através dos órgãos físicos, com os quais você se comunica com o mundo exterior, lhe darão informações que poderão estar em desacordo com aquilo que você acredita, mas você não deverá confiar totalmente nestas impressões. Você precisará aprender a lutar contra algumas destas impressões e as informações que elas trazem porque podem não ser verdadeiras. Uma é a impressão outra a fé; fé no positivo é o que conta para os vencedores!

De posse destas informações e tantas outras que você possui, caberá a você tomar a iniciativa e adotar uma firme decisão a respeito dos seus sonhos. Siga em frente!

Resta-me no encerramento desta obra, reforçar o seguinte: lembre-se que você tem potencial para realizar muito nesta vida e ser bem sucedido, acredite em você, acredite em Deus; saiba, porém, que, quando obtiver a sua realização e alcançar o sucesso, novos sonhos e novos projetos surgirão, esteja preparado! Chegar ao topo da carreira não significa encerrar a carreira!

Reflita agora, por último, no que Ralph Waldo Emerson disse acerca do sucesso:

"... Saber apreciar as críticas honestas,
enfrentar a traição de falsos amigos;
apreciar a beleza,
encontrar o melhor nos outros;
deixar o mundo um pouco melhor,
seja através de uma criança feliz,
de um jardim cuidado
de uma sociedade melhor;
saber que pelo menos uma vida respirou melhor
por sua causa.
Isso é ter tido sucesso".

Bibliografia

ALVES, Rubem. "Educação dos sentidos e mais...". Campinas, SP: Verus Editora, 2005.

Bíblia Shedd 2ª Edição. Tradução João Ferreira de Almeida – Revista e Atualizada no Brasil. São Paulo: Vida Nova; Brasília: SBB, 1997.

BONGIOVANI, Vincenzo et al. "Matemática e Vida – volume 1; Adaptado de: Tahan, Malba - Matemática divertida e delirante". São Paulo: Saraiva, 1962; São Paulo, Ática, 1993.

CHO, David Paul Yonggi. "A Quarta Dimensão" – O segredo da vida mediante a Fé - 34ª Edição. São Paulo, SP: Editora Vida, 2003.

cidynha_jesusteama@hotmail.com.br. E.mail recebido pela internet.

CHOWDHURY, Subir. "O Sabor da Qualidade" – tradução de Marcia Claudio Reynaldo Alves. Rio de Janeiro: Sextante, 2006.

COLE, Edwin Louis. Desperte o Seu Potencial – 2ª edição. Tradução: João A. de Souza Filho. Belo Horizonte, MG. Editora Atos Ltda, 2006.

CURY, Augusto. "Pais Brilhantes Professores Fascinantes" – 13ª edição. Rio de Janeiro, RJ. Sextante, 2003.

CURY, Augusto. "Nunca Desista dos Seus Sonhos" – 7ª edição. Rio de Janeiro, RJ. Sextante, 2004.

DELL'ISOLA, Alberto. "Mentes Brilhantes". 2ª edição. São Paulo, SP. Universo do Livro, 2012.

DINIZ, Débora. "O que é deficiência". São Paulo: Brasiliense, 2007.

GITOMER, Jeffrey. "O Livro Verde da Persuasão – Como persuadir pessoas a fazer do seu jeito". São Paulo, SP: M. Books do Brasil Editora Ltda. 2010.

GREGORI, Waldemar de, VOLPATO, Evilásio. "Capital Intelectual e Administração Sistêmica – Um manual de jogos de inteligência, mercado e poder." São Paulo SP: PANCAST Editora Comércio e Representações Ltda.

HILL, Napoleon. "A Lei do Triunfo" tradução de Fernando Tude de Sousa - 21ª edição. Rio de Janeiro, RJ. José Olympio Editora, 2001.

http://www.ceguinho.com.br/wp/?page_id=5 acessado em 16/01/2014

http://www.brasilescola.com/biografia/nelson-mandela.htm - Por Rainer Sousa Graduado em História – acessado em 16.01.2014

http://kdfrases.com/autor/cora-coralina - acessado em 20/01/2014.

http://www.mundodasmensagens.com/mensagem/fabulas-a-serpente-e-o-vaga-lume.html - acessado em 23.01.2014

http://pensador.uol.com.br/acessado em 22.12.2013

http://pt.wikipedia.org/wiki/Nick_Vujicic acessado em 29.01.2014

http://pt.wikipedia.org/wiki/Jos%C3%A9_Alencar acessado em 15.01.2014

http://www.minhamarina.org.br/blog/ acessado em 29.03.2014

http://www.revistaeguia.com.br/noticias-da-regiao.php?d=1&id=541 – Lars Grael. Acessado em 17.02.2104

http://www.otempo.com.br/cidades/cadela-tatu-cava-buraco-em-quintal-de-casa-em-pouso-alegre-1.770566 - acessado em 08.01.14
http://diogolimonta.wordpress.com/frases-e-pensamentos/ acesso em 12.03.2014
http://www.blogdofabossi.com.br acessado em 17.01. 2014.
JOHNSON, Spencer. "O Presente" – tradução de Alves Calado. Rio de Janeiro: Record 2004.
LIMA, Elon Lages et al. "A Matemática do Ensino Médio" – Volume 1- 9ª edição – Coleção do Professor de Matemática. Rio de Janeiro: SBM 2006.
MAXWEL, John C. "Talento não é tudo: descubra os 13 princípios para você superar seus talentos e maximizar suas habilidades; tradução de Valéria Lamim Delgado Fernandes". Rio de Janeiro: Thomas Nelson, 2007.
OSBORN, T. L. "O Testemunho da Fé". Rio de Janeiro, RJ: Graça Editorial, Março 1999.
OSBORN, T. L. "Como Desfrutar da Abundância" tradução: Gordon Chown. Rio de Janeiro, RJ: Graça Editorial, Outubro 1998.
RIBEIRO, Lair. "Excelência Emocional". Belo Horizonte, MG. Editora Leitura, 2002.
RUSH, Myron. "Administração: uma abordagem bíblica", tradução de Fausto Roberto Castelo Branco. Belo Horizonte, MG. Ed. Betânia, 2005.
SARCINELLA, Luigi Maria. "Deficientes Pitecantropos Oblíquos". São Paulo, SP. Editora HARBRA Ltda., 2000.
SPENCER, Johnson. "O Presente"; tradução de Alves Calado. Rio de Janeiro: Record, 2004.
SUBIR, Chowdhury. "O Sabor da qualidade"; tradução de Márcia Claudio Reynaldo Alves. Rio de Janeiro: Sextante, 2006.
TEIXEIRA, Ivonildo. "Extraindo o Sucesso do Fracasso". São Paulo: Hagnos, 2001.
TZU, Sun. "A Arte da Guerra"; Tradução Pedro Manoel Soares – 2ª edição. São Paulo: Ciranda Cultural, 2008.
VUJICIC, Nick. "Uma Vida sem Limites: inspiração para uma vida absurdamente boa" - Tradução Renato Marques de Oliveira. Ribeirão Preto, SP: Novo Conceito Editora, 2011.
YOUSSEF, Michael. "O Estilo de Liderança de Jesus"; tradução de Ruth Vieira Ferreira. Rio de Janeiro, RJ. Editora Betânia, 1987.
ZEIGLER, Kenneth. "Como se tornar mais organizado e produtivo"; tradução de Luis Humberto William Lagos Teixeira Guedes. Rio de Janeiro: Sextante, 2007.

Contato com o autor:

CV: http://lattes.cnpq.br/7835271084909221
/marciobareis
055-**33-99104-5536**
e.mail: marciobareis@bol.com.br

marciobareis@outlook.com

www.ingramcontent.com/pod-product-compliance
Lightning Source LLC
LaVergne TN
LVHW012104160826
845678LV00014B/2929

* 9 7 8 8 5 8 1 9 6 8 3 5 3 *